소크라테스는 왜 질문만 했을까

SEKAI WO UPDATE SURU HOHO
TETSUGAKU SHISO NO MANABIKATA

© 2024 Makoto Shinohara

Korean translation rights arranged with Shueisha International Inc.
through Japan UNI Agency, Inc., Tokyo and EntersKorea Co., Ltd., Seoul

이 책의 한국어판 저작권은 ㈜엔터스코리아를 통해 저작권자와 독점 계약한 ㈜다빈치하우스에 있습니다.
저작권법에 의하여 한국 내에서 보호를 받는 저작물이므로 무단전재와 무단복제를 금합니다.

> 세상과 나를 업데이트하는 철학적 사고법

소크라테스는 왜 질문만 했을까

시노하라 마코토 지음
김소영 옮김

더페이지

프롤로그

역사 공부를 하다 보면 철학자나 사상가의 이름은 왜 외워야 하는지 의문이 드는 사람이 적지 않을 것이다. 사실 나도 그런 사람 중 하나다. 철학자들은 까다로운 이치를 구구절절 늘어놓기만 할 뿐, 알렉산더 대왕이나 나폴레옹 같은 영웅들에 비해 도대체 어떤 쓸모가 있는지 모르겠다.

하지만 철학자나 사상가는 역사상 매우 중요한 인물들이다. 그 이유는 바로 당시의 상식을 깨뜨리는 참신한 아이디어를 내놓았기 때문이다. 비록 그들의 생각이 처음부터 받아들여지지 않았더라도, 머지않아 새로운 시대의 상식이 되곤 했다. 고정 관념을 깨뜨렸기에 그들은 역사에 이름을 남겼다.

알기 쉬운 사례로 르네상스 시대 이탈리아의 시인이자 작가 조반니 보카치오 Giovanni Boccaccio(1313년~1375년)의 『데카메론』을 들 수 있다. 독특한 제목 덕분에 들어 본 사람도 있겠지만, 이 책이 어떻게 역사에 남았는지를 아는 이는 많지 않다. 사실 이 책은 '목숨을 걸고' 쓴 음란 서적이다.

보카치오는 기독교회가 막강한 권력을 휘두르던 시대를 살았다. 수도승을 헐뜯기라도 하면 지옥에 떨어진다고 믿는 사람이 많았던 시대다. 하지만 실제로 수도승들은 절대 권력을 등에 업고 부패의 끝을 달리고 있었다. 보카치오는 그들의 방탕한 삶을 그려냄으로써 타락한 현실을 폭로하고자 했다.

이 호기로운 음란 서적은 지식인들에게 수도승을 비판해도 괜찮다는 용기를 심어 주었다. 그 용기는 점차 확산되어 르네상스로 이어졌고, 기독교의 사슬에 묶여 있던 사람들을 해방시키는 계기가 되었다. 그의 저서는 현대의 합리주의가 태어나는 데도 적지 않은 영향을 미쳤다.

이처럼 역사에 이름을 남긴 철학자나 사상가는 보카치오처럼 당시 상식을 깨고, 새로운 시대의 이상을 제시하는 중요한 역할을 해 왔다. 사람들의 사고방식을 뿌리째 바꾼다는 의미에서는 알렉산더 대왕이나 나폴레옹보다도 더 큰 영향력을 지녔다고 볼 수 있다. 그래서 그들의 이름이 역사에 남은 것이다.

예컨대, 소크라테스Socrates(기원전 470년경~기원전 399년)는 사람들 간의 '대화'를 통해 생각의 깊이를 더하는 방법을 새롭게 확립했다. 소크라테스 이전에는 '타고난 천재'만이 지식을 가질 수 있다고 여겨졌으며, 지식인이 될 수 있을지는 운명에 달렸다고 생각했다. 하지만 그는 '산파술'이라는 문답법을 통해 누구나 철학적으로 사고할 수 있는 길을 열어 주었다. 말 그대로 역사를 바꾼 셈이다.

플라톤Plato(기원전 427년경~기원전 347년경)은 '국가를 디자인한다'라는 대담한 발상을 제시했다. 플라톤 이전 국가는 거대한 힘의 산물로 인간이 마음대로 다룰 수 없다고 여겨졌다. 그러나 플라톤은 '이상적인 국가'를 그려 보임으로써, 국가라는 것도 이성적으로 구상하고 설계할 수 있다는 가능성을 열어 보였다. 여기에서 '국가론'이 탄생했다.

아리스토텔레스Aristotle(기원전 384년~기원전 322년)는 '관찰'이라는 방법을 확립했다. 그는 자연에 존재하는 것들을 공들여 찬찬히 관찰하고, 새로운 발견을 통해 지식을 체계적으로 쌓아 가는 방식을 제시했다. 그전까지는 자연을 관찰하고 지식을 끌어내려는 태도 자체가 뚜렷하지 않았다. 아리스토텔레스는 그 방법을 의식화하고 체계화했다.

르네 데카르트 René Descartes(1596년~1650년)는 '미신을 타파하는 방법'을 가르쳐 주었다. 그는 "모조리 의심하라! 그렇게 해서 의심할 여지가 없는 사실을 출발선에 두고 사상을 재구축하라!"라는 논리를 『방법서설』에서 제시했다. 이 방법은 기독교 교리에 억눌려 있던 사람들을 해방시키는 데 결정적인 역할을 했다. 인류는 이로써 '합리주의의 시대'에 처음으로 발을 들였다.

장 자크 루소 Jean-Jacques Rousseau(1712년~1778년)는 '국민 개개인의 의지가 모여 국가의 의지가 된다'라는 전혀 새로운 국가 개념을 제시했다. 그 이전까지 국가는 왕이나 지배층이 통치하는 것이 당연하다고 여겨졌다. 그러나 루소는 '민주주의'라는 체제를 설계함으로써, 세계의 흐름을 바꾸었다.

그렇다면, 우리는 왜 철학이나 사상을 배워야 할까? 나는 그 이유가 '고정 관념을 깨뜨리는 법'을 배우기 위해서라고 생각한다. 고정 관념은 그 시대 사람들 대부분이 의심 없이 믿는 것이기에, 정작 그 속에 사는 사람들은 그것이 고정 관념인지조차 자각하지 못한다. 하지만 역사에 이름을 남긴 철학자나 사상가들은 그러한 고정 관념을 꿰뚫어 보고, 새로운 시대의 바람직한 방향을 제시해 왔다. 그들의 사상을 배우는 이유는 여기에 있다.

우리가 역사를 배우는 이유는 단지 '과거'를 알기 위해서가 아닌 '현재' 그리고 '미래'를 위해서다. 지금 우리가 어떤 고정 관념에 사로잡혀 있는지를 알아차리고, 그것을 깨부수기 위한 방법을 배우는 것이 바로 철학과 사상이 가르쳐 주는 핵심이다.

예를 들어 '에너지는 국가의 근간'이라는 말이 있다. 에너지를 확보하지 못한 나라는 산업이 쇠퇴하고, 결국 국력이 약화된다는 것이 오랫동안 당연시 여긴 상식이다. 하지만 이 생각에도 고정 관념은 존재하지 않을까? 에너지가 부족해도 다른 면에서 존재감을 드러낼 수 있는 국가도 존재하지 않을까?

우리 주변에는 수많은 고정 관념이 도사리고 있다. 그것을 꿰뚫어 보고, 새로운 해답을 제시하는 힘, 우리는 그 비결을 철학자와 사상가들의 발자취를 따라가며 배울 수 있다. 철학이나 사상을 배울 때, 이러한 관점을 가지면 훨씬 더 친숙하고 흥미롭게 느껴질 것이다.

따라서 철학과 사상을 이해하려면 먼저 그들이 살던 시대의 배경을 아는 것이 중요하다. 당시 사람들이 어떤 상식에 얽매여 있었는지를 파악하면, 그 철학이 얼마나 '상식 밖'이었는지 이해할 수 있다. 왜 그런 비상식적인 생각이 탄생했는지를 살펴보면, 우리도 '상식을 깨뜨리는 법'을 배워 갈 수 있다.

예컨대 '경제 성장은 반드시 필요하다'라는 믿음은 현대 사회의 가장 강력한 상식 중 하나다. 하지만 과연 그러한가? 경제 성장을 하지 않고도 기능하는 사회는 불가능할까? 낭비 없이도 경제가 순환하는 시스템은 만들 수 없을까? 이처럼 고정 관념을 꿰뚫고 깊이 파고드는 힘, 그 사고의 작법을 배우기 위해 철학과 사상은 반드시 참고해야 할 대상이다.

많은 사람이 그러한 '상식 파괴의 기술'을 배웠으면 좋겠다. 그리고 아이들이 앞으로 살아갈 시대를, 지금보다 더 자유롭고 즐거운 세계로 바꾸어 나가기를 바란다. 이 책이 그 계기가 되어 줄 것이다.

시노하라 마코토

차 례

프롤로그 ——————————————————— 6

PART 1. 서양 철학과 사상 ——————————— 17
과거의 상식을 깨고 새로운 상식을 만들어 낸 사람들

Chap 1. 고대의 철학과 사상
지식을 범재들의 것으로 바꾸다 · 소크라테스··19

인간의 손으로 국가를 디자인하다 · 플라톤··26

관찰이라는 접근법을 널리 퍼뜨리다 · 아리스토텔레스··31

Chap 2. 중세의 철학과 사상

빅뱅 우주론, 시작은 여기서? · 성 아우구스티누스··36

기독교가 지배하는 시대 · 중세··39

외부로 공격에 나섰다 만난 흑선 · 십자군··43

기독교를 구제하려 애쓰다 · 토마스 아퀴나스··47

Chap 3. 르네상스의 철학과 사상

십자군이 일으킨 두 개의 혁명 · 르네상스와 종교 개혁··50

세계사를 바꾼 음란 서적 · 보카치오··56

인류를 조연으로 바꾸다 · 코페르니쿠스, 갈릴레오, 케플러··60

상식 파괴의 본보기 · 몽테뉴··65

의심할수록 믿음에 빠지는 사람들 · 데카르트··70

Chap 4. 근대의 철학과 사상

우주는 법칙의 지배 아래에 있다 · 뉴턴··85

민주주의를 낳은 천재 · 루소··88

이성 중심 철학적 세계관을 정립한 사람들 · 칸트, 헤겔··94
관찰과 실험, 경험을 중시하다 · 영국의 철학과 사상··97
경제학의 탄생 · 애덤 스미스··99

Chap 5. 산업혁명 이후의 철학과 사상

약육강식주의의 만연 · 다윈··106
노동자들도 행복하게 살기 위해 · 로버트 오언··110
백성이 왕이 되는 세계관 · 마르크스··113
신을 대신할 초인의 제안 · 니체··116
이성이라는 작은 배,
그 아래 존재하는 무의식 · 프로이트, 융··122

Chap 6. 현대의 철학과 사상

합리주의에 대한 의심 · 나치즘의 등장··126
공산주의도 자유주의도 아닌 수정 자본주의 · 케인스··131
과학 성선설에 대한 의문과 센스 오브 원더 · 레이첼 카슨··138
과학은 스스로 약점을 드러내야만 한다 · 칼 포퍼··145
존재를 보기 전에 관계를 생각하라 · 케네스 거겐··151

PART 2. 동양 철학과 사상 ——————— 157
재해석을 반복하는 사상

Chap 7. 중국의 철학과 사상
지혜를 얼마나 헤아릴 수 있는가 · 중국 고전 ·· 159

예의의 힘을 깨닫게 한 사내 · 공자 ·· 162

역설적 발상의 강인함 · 노자와 장자 ·· 166

법의 힘을 과시한 사내 · 한비자 ·· 177

역사로 인간을 그리다 · 사마천 ·· 183

이론보다 실천 · 양명학 ·· 186

마지막으로 ——————————— 191
현대의 상식을 혁신하기 위해

철학자들이 부순, 우리가 다시 설계할 세계
새로운 상식을 만들어 갈 당신에게 ·· 192

에필로그 ——————————————— 200

PART 1
서양 철학과 사상

과거의 상식을 깨고
새로운 상식을 만들어 낸 사람들

Chap 1. 고대의 철학과 사상

> Chap 1. 고대의 철학과 사상

지식을
범재들의 것으로 바꾸다

소크라테스 (기원전 470년경~기원전 399년)

    소크라테스Socrates. 이름은 익히 들어 알지만, 그가 실제로 무슨 일을 했는지는 잘 모르는 사람도 많을 것이다. 고등학교 교육을 받은 이들이라면 "무지의 지로 유명한 사람 아니야?" 정도는 답할 수 있을지 모른다.

    나 역시 '무지의 지'를 배웠지만, 그 말이 왜 그토록 대단한지는 이해하지 못했다. '자신이 모른다는 사실을 스스로 깨닫는다.'라니, 조금만 생각해 봐도 어렵지 않게 이해할 수 있다. 세상에는 내가 모르는 일이 훨씬 많다는 걸, 누구나 어느 정도는 자각하고 있기 때문이다. 그런데 도대체 어떠한 점에서 '무지의 지'가 그렇게나 위대하다는 걸까?

    소크라테스의 위대함은 바로 여기에 있다. 지식은 오직 천재만이 만들어 낼 수 있다고 여겨지던 시대에, 그는 평범한 사람도 스스로 지식을 만들어 낼 수 있다는 시각을 제시했다는 점에서다.

소크라테스는 젊은이들 사이에서 매우 인기가 많은 철학자였다. 제자 플라톤의 저서 『향연』을 통해 그 모습을 엿볼 수 있다. 그 시대 아테네에는 현대의 아이돌 못지않은 인기를 누리던 인물이 있었다. 그 이름은 알키비아데스 Alcibiades(기원전 450년경~404년경). 아름다운 외모에 뛰어난 지력과 화술, 무력까지 갖춘 그는 아테네뿐 아니라 스파르타, 나아가 페르시아 제국에서도 이름을 떨친 정치가이자 웅변가, 군인이었다. 그런 인물이 『향연』에서 소크라테스의 매력에 관해 열변을 토하는 장면이 등장한다.

왜 알키비아데스는 소크라테스의 곁을 떠나려 하지 않았을까? 소크라테스에게는 무시무시한 기술이 있었기 때문이다. 바로 '산파술'이다. 산파술이란 본래 아기의 출산을 돕는 조산사의 기술을 뜻한다. 그런데 소크라테스는 '지식이 탄생하도록 돕는 기술'을 일컬어 그렇게 불렀다.

소크라테스는 자신이 가진 지식이 풍부했음에도 젊은이들에게 설교하려 들지 않았다. 오히려 그들의 생각을 듣고 싶어 했고, 질문을 통해 그들을 이끌었다.

소크라테스가 "그건 무슨 뜻인가?" 하고 물으면 젊은이들은 생각에 잠긴 끝에 답을 내놓는다. 그러면 다시 "그것과 이것을 연결해서 생각하면 어떻게 되는가?"라는 질문이 이어진다.

이러한 문답을 거듭하는 과정에서 젊은이들은 자신도 몰랐던 생각을 입 밖에 내기 시작한다. 그러다 '내가 이런 생각까지 할 줄 아는 사람이었나?' 하는 생각이 든다. 이처럼 소크라테스 곁에 있으면 지혜가 샘물처럼 솟구친다. 그 쾌감을 한 번 맛본 사람은 그의 곁을 떠날 수 없었다.

산파술의 위력은 플라톤의 또 다른 저서 『메논』에서도 확인할 수 있다. 소크라테스는 친구 집의 하인과 도형에 대해 이야기를 나눈다. 둘 다 수학적 지식은 없었다. 그런데도 소크라테스는 "이건 어떻게 되어 있는가?", "그렇다면 이것은 어떠한가?" 하고 질문을 이어 갔다. 그 과정에서 이들은 이전까지 아무도 발견하지 못했던 도형 정리를 스스로 끌어냈다. 전혀 지식이 없는 사람들끼리 질문과 대답을 주고받는 과정에서 새로운 '앎'이 탄생하는 것이다. 소크라테스가 산파술이라 불렀던 이 기술의 진가가 드러나는 장면이다.

소크라테스 이전까지 '앎'은 천재들만의 전유물로 여겨졌다. 같은 시대를 살았던 고대 그리스 철학자 프로타고라스Protagoras는 무슨 질문을 받아도 즉각 답할 만큼 뛰어난 지성으로 명성을 떨쳤다. 당시 사람들에게 지식은 그런 천재에게 '배우는 것'으로 여겨졌다.

하지만 소크라테스는 달랐다. 그는 범재들끼리도 서로 질문을 주고받으며 깊이 생각하도록 이끌면 스스로 새로운 지식을 발견할 수 있다고 보았다. 산파술은 바로 그 사고 과정을 위한 기술이었다. 이는 현대 과학에도 통한다.

현대에는 일정한 훈련을 받으면 연구자가 되고, 새로운 발견을 해내는 작법도 익힐 수 있다. 거기에 각별한 능력이 필요한 것은 아니다. 소크라테스의 산파술은 범재들이라도 앎을 스스로 만들어 낼 수 있게 해 주는 방법이었다. 그런 의미에서 소크라테스의 산파술은 혁명적이었다고 볼 수 있을 것이다.

하지만 이 산파술은 두 얼굴을 가지고 있다. 스스로의 무지를 자각한 이들에게는 '앎'을 창조하는 힘이 되어 주지만, 자신을 천재로 착각한 이들에게는 '변증법'이라는 이름으로 무지를 폭로하는 무기가 되고 만다.

실제로 소크라테스는 프로타고라스를 찾아간 적이 있다. 델포이 신전에서 "소크라테스보다 지혜로운 이는 없다."라는 신탁이 내려졌기 때문이다. 그는 그 신탁이 잘못되었다고 생각했고, 진의를 밝히기 위해 그리스에서 가장 뛰어난 지성으로 알려진 프로타고라스를 찾아갔다.

그리고 젊은이들에게 늘 하던 것처럼 질문을 던졌다. 처음에는 프로타고라스가 훌륭한 답을 내놓았다. 대부분의 사람은 그 자리에서 감탄하고 말았겠지만, 소크라테스는 또 질문했고 프로타고라스는 또 대답해야 했다. 그러자 그의 말에는 점점 모순이 생겼고, 소크라테스는 그 틈을 놓치지 않고 파고들었다. 결국 프로타고라스는 말문이 막혔고, "사실은 나도 그걸 자세히는 모르오."라고 고백하기에 이르렀다.

이와 같은 사례는 또 있다. 천재라 칭송받던 철학자이자 웅변가 고르기아스Gorgias(기원전 483년경~기원전 376년경) 역시 소크라테스에게 똑같은 일을 당했다. 결국 그 또한 자신의 무지를 자인해야 했다. 소크라테스는 그 경험을 통해 생각했다. "그 천재들과 내가 다른 점이 있다면, 나는 내가 모른다는 사실을 안다는 것이다." 이것이 바로 교과서에 실린 '무지의 지'의 유래다.

'무지의 지'는 흥미로운 에피소드다. 하지만 다시 말하자면, 그것이 정말 그렇게까지 중요한지 묻는다면 나는 여전히 고개를 갸웃거릴 수밖에 없다. 오히려 나에게 더 흥미로운 점은 같은 질문 방식을 '젊은이들'과 '천재들'에게 적용했을 때 왜 정반대의 결과가 나왔는가 하는 것이다. 젊은이들을 상대로 던진 질문은 새로운 앎을 만들어

내는 '산파술'이 되었지만, 천재에게 던진 질문은 그의 무지를 드러내는 '변증법'이 되어 무시무시한 무기로 바뀌었다. 어떻게 이런 일이 일어나는 걸까?

아마도 천재들은 자신이 가진 지식으로 당장의 질문에 답하려 하며, 그 상황을 벗어나는 데 집중하는 '닫힌 자세'로 임했던 반면, 젊은이들은 외부 세계에 마음을 여는 '열린 자세'로 임했기 때문일 것이다. 젊은이들은 스스로 자신의 무지를 어느 정도 자각하고 있었기에 모르는 것은 모른다고 자연스럽게 말할 수 있었다. 소크라테스가 "이것과 조합해서 생각해 보면 어떨까?"라는 제안을 덧붙여도 유연하게 받아들이며 문답을 즐길 수 있었다.

이렇게 마음이 열려 있는 자들에게는 앎을 만들어 내는 산파술이 되고, 마음이 닫혀 있는 자들에게는 지식의 한계를 드러내는 변증법이 되었던 것이다.

프로타고라스 같은 천재를 우러러보기만 하며 그의 가르침을 그대로 받아들이는 태도로는, 결국 천재의 열화를 단순히 복제하는 제자에 머물고 만다. 아무리 정밀하게 복사한다 해도, 그것이 반복될수록 원본의 생명력은 점차 흐려지고 마침내 열화를 피할 수 없게 된다. 앎은 단순한 복사만으로는 결코 온전히 전달되지 않는다.

반면 소크라테스의 '산파술'은 기존의 지식과 새로운 아이디어를 조합해서, 누구나 자신만의 앎을 창조해 낼 수 있도록 만든다. 이 방식은 과학이나 사상을 발전시키는 핵심적인 원동력이 되었으며, 인류 역사에 있어 하나의 커다란 '상식 파괴'를 실현한 계기였다고 해도 과언이 아니다.

흥미롭게도, 소크라테스의 산파술은 이름을 바꾸어 오늘날까지도 활발히 사용되고 있다.

그것이 바로 '코칭'이다. 코칭은 질문 방법(5W1H, 즉 When(언제), Where(어디서), Who(누가), What(무엇을), Why(왜), How(어떻게))을 활용해 상대가 스스로 생각하고 답을 끌어내도록 돕는다. 그야말로 산파술과 다름없는 방식이다. 이 방법은 원래 테니스 코치였던 W. 티머시 갤웨이(1938년~)가 선수들을 지도하면서 발견한 것으로, 소크라테스의 산파술과 놀랍도록 닮았다는 점이 흥미롭다.

핵심은 '<u>가르치는 것</u>'이 아니라 '<u>스스로 생각하게 만드는 것</u>'이다. 질문을 던져 두뇌를 자극하고, 내면의 가능성을 끌어내는 이 코칭 기법은 오늘날 비즈니스 세계에도 널리 퍼졌으며, 그 영향력은 점점 더 커지고 있다. 지금도 '소크라테스의 제자'는 세계 곳곳에서 계속 늘어나고 있다.

> Chap 1. 고대의 철학과 사상

인간의 손으로
국가를 디자인하다

플라톤 (기원전 427년경~기원전 347년경)

    플라톤Plato 역시 이름은 들어 봤지만, 그가 어떤 업적을 남긴 인물인지는 잘 모르는 사람이 많을 것이다. 그는 소크라테스의 제자였으며, 만약 그가 없었다면 오늘날 우리는 소크라테스의 존재조차 알지 못했을지도 모른다. 왜냐하면 소크라테스는 생전에 단 한 편의 저서도 남기지 않았기 때문이다. 반면 플라톤은 여러 책에서 소크라테스를 주인공으로 삼아 그의 사상을 기록했고, 덕분에 소크라테스의 철학은 현대에 사는 우리에게까지 전해질 수 있었다. 이 사실만으로도 플라톤의 공적은 대단히 크다고 할 수 있다.

    플라톤 하면 흔히 '이데아론'을 떠올리지만, 이에 관한 설명은 이미 수많은 책에서 다루고 있으므로 여기서는 생략하려 한다. 대신 이 책에서는 '상식을 파괴한 플라톤'이라는 관점에서 그가 제안한 대담

무쌍한 아이디어, '국가를 디자인한다'라는 발상을 소개하려고 한다.

누구라도 한 개인이 국가라는 거대한 조직을 설계하고 통제할 수 있다고는 쉽게 상상하지 못할 것이다. 국가는 너무도 크고 복잡하며, 개인은 그에 비해 한없이 미미한 존재처럼 느껴지기 때문이다. 하지만 플라톤은 '국가는 인간이 디자인할 수 있다'라고 주장했다. 그는 소크라테스처럼 깊은 지혜를 지닌 철학자가 통치자가 된다면, 그 나라는 이상적인 국가가 될 수 있다고 믿었다. 이른바 '철인哲人 국가'라는 개념이다.

이처럼 대담하고 급진적인 아이디어를 플라톤은 어떻게 떠올릴 수 있었을까? 여기에는 한 전설적인 인물이 깊게 관여되어 있다. 바로 스파르타의 전설적인 입법자, 리쿠르고스Lycurgus(기원전 800년경~기원전 730년경)다.

플라톤이 나고 자란 아테네 외에도 고대 그리스에는 스파르타라는 강력한 도시국가가 있었다. '스파르타식 교육'이라는 말이 아직까지 남아 있듯, 스파르타는 엄격한 훈련과 절제된 생활을 통해 강인한 전사를 길러 낸 나라로 유명하다. 그리고 이 나라를 오늘날 우리가 아는 형태의 군국주의적 강국으로 탈바꿈한 인물이 바로 리쿠르고스다.

그는 기존의 관습과 국가 체제를 과감히 개혁했고, 이를 통해 수많은 전사를 양성해 스파르타를 그리스에서도 손꼽히는 강국으로 만들었다고 전해진다. 그의 전설적인 업적은 『플루타르코스 영웅전』에도 생생히 기록되어 있다.

플라톤은 리쿠르고스의 전설을 본보기로 삼아 국가의 근본부터 디자인하는 계획을 고안해 냈다. 그리고 소크라테스처럼 지혜롭고 덕망 있는 철학자가 나라를 통치한다면 틀림없이 이상적인 국가가 될 것이라고 주장했다. 철학자가 통치하는 '철인 정치' 개념은 플라톤 사상의 핵심 중 하나다.

하지만 이 대목에서 모순이 느껴진다. 소크라테스는 천재가 아닌, 누구나 질문과 사고를 통해 앎에 도달할 수 있다고 믿은 인물이다. 그는 이른바 '범재'도 스스로 지혜를 만들어 낼 수 있도록 사고법을 바꾸어 놓은 사람이다. 그런데 플라톤은 소크라테스를 일종의 '천재'로 분류하고, 범재들과 구분 지어 버렸다. 과연 소크라테스가 이러한 구별을 바랐을까?

플라톤의 '국가를 디자인한다'라는 사상은 후세에 지대한 영향을 미쳤다. 그리고 이 사상은 때때로 '천재라면 국가를 창조해도 된다'라는 식의 위험한 논리로 오용되기도 했다.

예컨대 프랑스 혁명기, 국민공회 의장 로베스피에르Maximilien de Robespierre는 자신이 꿈꾸는 이상 국가를 실현하기 위해 정치적 반대론자들을 숙청하며 '공포 정치'를 펼쳤다. 그에게 이상 국가 건설을 방해하는 존재는 제거 대상이었다.

나치 독일의 히틀러는 '천재적 지도자'라는 이미지를 의도적으로 구축하고, 이를 이용해 유대인을 비롯한 수많은 이를 학살했다.

캄보디아의 폴 포트는 '전 국민이 농민이 되어야 이상적인 국가가 된다'라고 생각하여 이 구상을 반대하는 인간을 처단했다. 지식을 조금이라도 가진 사람은 반역의 우려가 있다고 간주하여 특히 학자나 교사 다수가 피해를 입었다. 그 결과 캄보디아는 오랫동안 암흑기에 머무를 수밖에 없었다.

이 사례들은 '국가를 인간이 설계할 수 있다'라는 발상이 잘못된 방향으로 변질된 결과이기도 하다. 그런 점에서 플라톤의 철인 정치론은 긍정적인 이상이자, 동시에 경계해야 할 위험한 씨앗이기도 하다.

한편 플라톤의 발상은 긍정적인 유산으로도 이어졌다. 토마스 모어 Thomas More의 『유토피아』는 이상향을 그린 대표적인 저작으로, 플라톤의 사상으로부터 뚜렷한 영향을 받았다. 그는 현실 사회와 국가 체제를 뿌리째 의심하고, 원점에서 새롭게 설계된 이상 국가를 상상해 보았다.

민주주의 역시 플라톤의 사상과 무관하지 않다. 장 자크 루소는 『사회계약론』에서 모든 이의 의사를 반영해 국가를 운영하는 민주주의 체제를 제안했다. 이 책은 프랑스 혁명에 결정적인 영향을 주었고, 민주주의 국가의 탄생에 이바지했다. 왕이 지배하는 봉건 체제에 익숙했던 시대에, '국가를 시민의 손으로 설계할 수 있다'라는 루소의 대담한 제안은 하나의 혁명이었다.

'국가는 인간이 직접 디자인한다.' 이 상식을 뒤흔든 플라톤의 발상이 인류에게 새로운 상식을 만들어 낼 수 있는 사상의 토대를 제공했다.

> Chap 1. 고대의 철학과 사상

관찰이라는
접근법을 널리 퍼뜨리다

아리스토텔레스 (기원전 384년~기원전 322년)

소크라테스나 플라톤이 등장하기 전의 시대는 '천재'라는 돌연변이가 태어나 지식을 창조했다는 인상이 강하다. 수학 천재로 유명한 피타고라스나 의학의 아버지로 불리는 히포크라테스도 비슷한 맥락이다. 지식이란 이런 위대한 천재가 우연히 이 세상에 태어나 창조해주길 그저 하염없이 기다릴 수밖에 없는 것으로 여겼던 것 같다.

소크라테스의 '산파술'이 범재들도 앎을 발견할 수 있는 방법이었다는 것은 앞서 이야기했지만, 플라톤의 수제자 아리스토텔레스 또한 범재들도 할 수 있는 앎의 발견법을 다른 형태로 제시한 인물이다. 그것은 바로 '관찰'이다.

관찰이란 단순히 '보는 것'과는 차원이 다르다. 간호사로 활약했던 나이팅게일 Florence Nightingale(1820년~1910년)은 이런 말을 남겼다.

"경험은 오직 관찰에서만 온다. 관찰하지 않는 여성이 50년이나 혹은 60년 동안 환자 곁에서 지낸다 하더라도 결코 현명한 사람이 될 수 없다."

아무런 생각 없이 그저 보고만 있으면 이미 아는 사실이나 예전에 깨달은 것밖에 보이지 않는다. 바닥에 굴러다니는 돌은 시야에 들어와도 의식하는 일이 없다.

관찰이란 지금까지 몰랐던 일, 알아차리지 못한 일을 의식적으로 찾고 발견해 내는 행위다. 나이팅게일은 간호사로 활약하면서 환자의 미세한 변화를 '알아차리는 일'이 중요하며, 그러려면 몰랐던 일을 알고자 하는 관찰이 중요하다고 생각했다. 그리고 이 관찰을 온갖 분야에서 실천해 낸 사람이 아리스토텔레스였다.

아리스토텔레스는 이 세상에 존재하는 온갖 것들을 관찰하려고 했던 것으로 전해진다. 박물학, 윤리학, 정치학, 논리학, 심리학 등 온갖 학문에 관여했다. 아리스토텔레스에게는 세상 모든 것이 지적 호기심의 대상이었을 것이다. 우리는 보는 것은 잘해도 관찰은 잘하지 못한다. 들에 핀 꽃을 보고 보통은 '민들레구나.' 하고 마는 경우가 많다. 그런데 막상 관찰해 보면 꽃잎은 몇 장인지, 수술은 어떻게 나 있는지, 꽃잎 아래에 난 녹색 부분(핵)은 젖혀 있는지, 뿌리는 어디까지 뻗어 있는지 등 평소에는 신경도 쓰지 않았던 특징이 하나둘씩 보이기 시작한다. 관찰이란 이렇게 전혀 마음에 담아 두지 않았던 일에 관심을 갖고 미처 알아차리지 못했던 것들을 발견하려는 행위다.

아리스토텔레스는 관찰을 몸소 실천한 위인이다. 이러한 자세는 후에 과학의 기초를 다지는 데 한몫했다. 게다가 관찰은 굳이 천재가 아니더라도 그때까지 몰랐던 사실을 발견해 낼 수만 있다면 누구나 가능하다.

아리스토텔레스의 관찰은 너무나 강력했던 나머지, 중세 서유럽에서는 상당히 오랜 세월 동안 미운털이 박혔다(5세기부터 13세기경까지). 현실을 잘 관찰하다 보면 중세 기독교의 가르침과 모순된 사실이 여럿 발견될 우려가 있었기 때문이다. 그래서 아리스토텔레스의 책은 긴 세월 동안 금서가 되었다.

유럽인들은 로마 제국 시대까지는 아리스토텔레스를 잘 알았지만, 중세 시대로 접어든 후에는 머릿속에서 까맣게 잊어버렸다. 하지만 십자군 전쟁(1095년~1291년) 때 중동에 쳐들어갔더니, 그곳에서는 아리스토텔레스의 철학이 계승되고 있었다.

아리스토텔레스의 철학을 만나 그 매력에 푹 빠진 사람들이 속출하는 바람에 금서로 지정해 봤자 도저히 가라앉질 않았다. 이에 토마스 아퀴나스는 기독교와 아리스토텔레스의 철학을 어떻게든 융합하고자 『신학대전』에 정리했다. 그러나 아리스토텔레스의 관찰은 머지

않아 기독교의 지배에 균열을 일으켰고, 이는 르네상스 시대를 알리는 발판을 마련했다. 갈릴레오나 케플러가 천체의 움직임을 관찰한 덕분에 그때까지 교회가 옳다고 주장해 왔던 천동설을 부정할 수밖에 없는 사태에 이르기도 했다.

아리스토텔레스가 제안한 관찰은 기독교 말고 다른 사고법이라고는 몰랐던 서유럽 사람들의 눈을 번쩍 뜨이게 했다. 하지만 그것은 조금 더 지난 후의 일이다.

Chap 2. 중세의 철학과 사상

> Chap 2. 중세의 철학과 사상

빅뱅 우주론,
시작은 여기서?

성 아우구스티누스 (354년~430년)

4세기 북아프리카 출신의 기독교 신학자이자 주교 성 아우구스티누스 St. Augustine는 서유럽의 기독교 세계에 절대적인 영향을 미친 인물이다. 그러나 이 인물은 고된 시대를 살아가게 된다. 바로 '게르만족의 대이동'(375년 이후) 때문이다(그림 1).

플라톤이나 아리스토텔레스가 활약한 그리스 문명을 계승하는 형태로 발전했던 고대 로마 제국(기원전 753년~476년)은 이 '게르만족의 대이동'으로 멸망을 맞이하게 되었다.

반면에 동로마 제국은 한동안 존속했다. 게르만족이 서로마 제국을 붕괴시킨 탓에 유럽 전역에 배치되어 있던 병사들은 급여를 받을 수 없게 되었다. 돈이 없으니 장비를 수리하지 못하여 무기와 도구를 제조하는 업자는 문을 닫았고, 거기에 재료를 공급하는 회사까지 망해 연쇄 파산이 잇따르면서 서로마 제국은 경제적으로도 기능을 하

그림 1 게르만족의 대이동 개략도(*이하 모두 필자 작성)

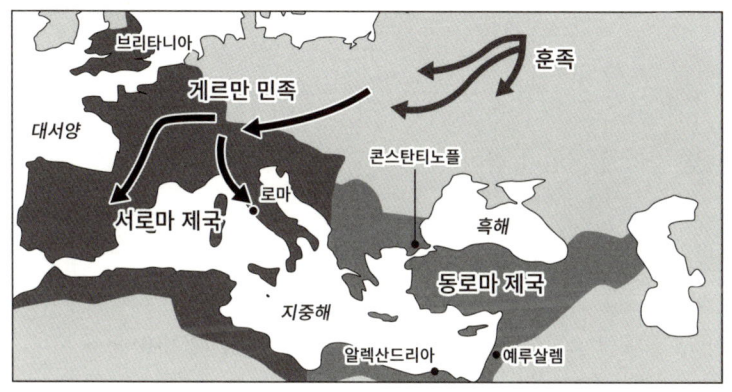

지 않게 되었다.

그런 시대의 서유럽에서 정신적 지도자였던 사람이 성 아우구스티누스였다. 『신의 나라神の国』라는 책에 게르만족이 서로마 제국을 멸망시킨 것은 신약성서 요한의 묵시록에서 말하는 이 세상의 종말인 하르마게돈이 가까워지고 있다는 증거이며, 우리가 '신의 나라'에 들어가기 위해 필요한 과정이었다고 써서 서유럽 사람들을 격려했다 (이 부분의 세계관은 애니메이션 〈에반게리온〉에 짙게 반영되어 있다).

게르만족의 대이동으로 서로마 제국의 사회와 경제는 산산조각이 나고 말았지만, 그런 와중에도 교회 간에 정보 교환을 이어오던 기독교의 수도승들은 문자를 읽고 쓸 줄 아는 사람이 지극히 적었던 서유럽에서 지식인이 되었다. 그런 이유로 서로마 제국이 붕괴한 후의 중세 시대에는 수도승들이 지도자가 되었다.

　여담이지만, 성 아우구스티누스의 『고백록』이라는 책에는 개인적으로 강하게 구미가 당기는 대목이 있다. 현대의 우주 이론인 '빅뱅 우주론'과 놀라울 정도로 닮아 있기 때문이다.
　빅뱅 이론에 따르면 시간도 물질도 공간도 아무것도 없는 '무無'에서 우주가 폭발적인 형태로 탄생했다고 한다. 현대 과학에서 빅뱅은 거의 정설이 되어 있다.
　그런데 성 아우구스티누스의 『고백록』에 이 빅뱅과 매우 유사한 이야기가 실려 있다. <u>시간도 흐르지 않고 물질도 공간도 아무것도 없는 상태에서 세계가 생겨났다고 적혀 있는 것이다.</u>

　빅뱅이라는 과학 이론도 어쩌면 성 아우구스티누스가 쓴 이 부분에서 힌트를 얻었던 것이 아닐까? 아니, 혹시 어쩌면 시간을 거슬러 올라가 우주의 기원을 생각해 보면, 결국엔 누구나 비슷한 추리에 다 다르게 되는 것인지도 모른다.
　성 아우구스티누스의 사상은 중세 서유럽에서 수도승들만이 점점 지식인이 되어 가는 과정에서 침투했다. 그런 의미에서 서유럽 사람들에게 절대적인 영향을 준 인물인 셈이다.

> Chap 2. 중세의 철학과 사상

기독교가
지배하는 시대
중세

서로마 제국이 붕괴하자 서유럽 지역은 문명이 현저히 후퇴하면서 신석기 시대 수준으로까지 기술이 떨어졌다고 한다. 수백 년을 걸쳐 기술도 문화도 제자리걸음이었던 탓에 '암흑시대'라고도 불린다. 이것이 바로 서유럽의 '중세'다.

중세에는 식량도 변변하게 생산하지 못했다고 한다. 그 원인은 로마 제국 시대에 있다. 라티푼디움^{latifundium} 제도로 로마인은 다른 나라를 점령하면 대지주가 되어 노예들에게 밭을 갈게 했다. 그래서 모든 노동은 노예들의 몫이 되었고, 자신들은 도시에서 유복하게 지냈다. 농지 근처에 살지 않는, 이른바 부재지주不在地主인 셈이다.

부재지주는 도시에서 유복하게 살 생각만 하지, 농지를 기름지게 만드는 방법에 대해서는 나 몰라라 하게 되었다. 대규모 농지에서 일하는 노예들은 노예들대로 명령에 따라 밭을 갈기 때문에 토양이 어떻게 되든 전혀 상관이 없었다. 토양은 퇴비를 주고 돌보지 않으면 점점 메말라 가는 '자원'이다. 대규모 농업 라티푼디움은 서유럽의 토양을 척박하게 만들고 말았다.

그래서 로마 제국은 부족한 식량을 아프리카에서 수입하게 되었다. 현대인인 우리가 봤을 때 이집트라고 하면 사막 이미지가 강한데, 그 당시에는 나일강의 은혜를 입은 대곡창 지대였다. 그곳에서 만들어진 식재료를 로마로 옮겨 부족한 식량을 보충하게 되었다.

한편, 로마 근교의 농지에서는 토지가 메말라도 잘 자라는 데다가 비싸게 팔 수 있는 포도를 심어서 와인을 만들게 되었다. 이렇게 해서 서유럽에서는 충분한 식량을 생산할 수 없는 환경에 조금씩 대비하기 시작했다.

이러한 상황 속에서 게르만족의 대이동(375년 이후)이 일어났다. 앞에서 설명했듯이 게르만족은 서로마 제국의 경제적 네트워크를 갈기갈기 찢어 버렸기 때문에 여러 산업에서 연쇄 파산이 잇따랐고, 서로마 제국의 경제 시스템은 붕괴되고 말았다.

로마 제국에 있어 식기는 상징적이다. 고대 로마 제국에서 만들어진 식기는 얇고 가볍고 튼튼했다. 고도의 기술로 제조되어 대량 생산을 하기 때문에 저렴해 서민들도 구입할 수 있었다. 운송업도 제대로 기능했던 터라 국경 지역에 있던 브리타니아(영국)에서도 이 시대의 식기가 대량으로 발굴되었다고 한다.

그러나 서로마 제국의 붕괴 이후 중세 시대로 접어들면서 식기는 거의 발굴되지 않았다. 당시 사용되던 토기는 모닥불 위에서 굽는 원시적 방식으로 만들어져 쉽게 부스러져 흙이 되고 말았기 때문이다.

경제 네트워크가 망가진 탓에 이집트에서 식량을 옮길 방도가 없었다. 돈이 쪼들리는데 와인을 사는 사람이 어디 있겠는가. 결국 지주들도 점점 몰락하여 농가로 돌아갔고, 하는 수 없이 자급자족 생활을 하게 되었다.

하지만 오랜 기간 부재지주가 엉성하게 농지 관리를 해 왔던 탓에 토양은 거의 사라지고 석회암이 노출된 듯한 밭만 남아 농작물을 수확하기도 시원찮았다. 엎친 데 덮친 격으로 기후까지 한랭화되면서 식량 생산이 대폭으로 줄어들었다. 그 일은 서유럽 지역의 몰락에 더욱더 박차를 가했다.

직접 농사를 지으며 생계를 유지하기도 빠듯한 상황에서 학문을 익힐 여유란 있을 수 없었다. 고대 로마 시대에는 평민들도 글을 읽고 쓸 수 있었지만, 중세에 들어서면서는 수도승을 제외하고는 글을 읽고 쓸 수 있는 사람이 사라지게 되었다.

이런 중세 시대에 지식인으로서 가까스로 살아남았던 사람들이 각지에 흩어져 있던 교회의 수도승들이었다. 고대 로마 제국에서는 콘스탄티누스 대제(270년~337년)의 시대에 기독교가 공인되어 각지에 교회를 세웠다. 서로마 제국이 붕괴하고 경제 네트워크가 엉망진창이 된 중세에서도 수도승들의 네트워크는 여전히 살아 있었다. 그렇게 글자를 읽을 수 있는 지식인이기도 한 수도승들이 중세 서유럽 세계에서 지도자 역할을 하게 된 것이다.

머지않아 서유럽의 기후가 온난해지면서 식량 생산이 늘어나기 시작하자, 서유럽 밖으로 침략하려는 분위기가 형성되었다. 그것이 바로 '십자군 전쟁'이다.

> Chap 2. 중세의 철학과 사상

외부로 공격에 나섰다 만난 흑선
십자군

　내가 보기에는 일본에 있어서 십자군은 마치 '흑선黑船(서양 증기선)'과도 같았다. 1868년 메이지 유신이 일어나기 얼마 전, 일본에서는 이미 다음과 같은 교카狂歌(일본 에도 시대에 유행한 풍자적·해학적인 단가)가 유행하고 있었다는 사실을 알고 있는가?

　"태평한 잠을 깨우는 상희선上喜撰, 고작 넉 잔에 밤잠을 설쳤네."

　여기서 '상희선'은 품질 좋은 우지차宇治茶를 가리키는 말이지만, 동시에 '증기선'을 뜻하는 일본어와 동음이의어다. 즉, 흑선이 일본 앞바다에 조금 모습을 드러냈을 뿐인데도 온 나라가 벌벌 떨며 밤잠 조차 이루지 못하는 모습을 비꼰 풍자시다.

　그러나 바로 이 흑선의 등장이 일본인의 눈을 번쩍 뜨이게 했고,

그 충격이 결국 메이지 유신의 계기가 되었다.

 십자군은 서유럽에 흑선과 비슷한 효과를 주었다. 미국의 흑선 함대는 강력한 군사력을 보여 주며 일본을 압박했고, 십자군 전쟁은 서유럽이 중동을 공격한 사건이라 공수가 뒤바뀌긴 했지만, 이를 통해 서유럽 사람들은 자신들이 살아가는 세계 너머에 전혀 다른 문명과 문화를 지닌 사람들이 존재한다는 사실을 처음으로 깨닫게 되었다. 그리하여 마침내 르네상스가 일어나게 된다.
 십자군은 서유럽의 흑선이었고, 르네상스는 그에 따른 메이지 유신이었다고 할 수 있다. 십자군에 들어간 사람들은 꿈에 그리던 기독교의 모습에 열을 올리고 있었다. '이교도들에게 지배받는 성지 예루살렘을 탈환하겠노라'고 외치면서 말이다. 하지만 현지인들에게는 견딜 수 없는 악몽이었다. 십자군이 현지인들을 대량 학살한 탓에 예루살렘의 궁전은 발목까지 피바다로 물들었다고 한다. 그들은 이교도를 인간으로 간주하지 않았다(그림 2).

 그러나 서유럽인들은 십자군에서 의외의 만남을 가지게 된다. 그것은 바로 그리스 로마의 문명이었다. 게다가 그 문명은 원래 자신들이 살고 있던 서유럽에서 번영했다는 이야기를 듣고 깜짝 놀랐다. 그들은 새까맣게 잊고 있었기 때문이다. 그런데 이교도인 이슬람교 사

그림 2 십자군의 진로

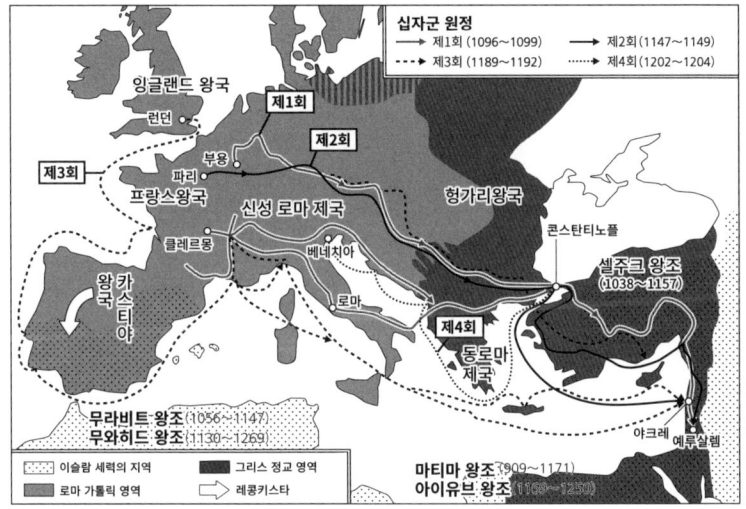

람들이 플라톤이나 아리스토텔레스 등의 학문을 전하고 연구까지 하고 있었다.

기독교도들에게 반성의 화살을 쏜 인물은 바로 이교도 진영의 영웅 살라딘Saladin이었을 것이다. 기독교도가 이교도를 잔혹하게 짓밟았음에도 살라딘은 포로로 잡은 기독교도들을 몸값도 받지 않고 풀어 주었다. 그는 전투에서는 강인하고, 판단은 냉철했으며, 무엇보다 관용이 있었다. 그 품격은 기독교도의 기준으로 보아도 훨씬 뛰어난 것이었다. 결국 서유럽인들조차 그의 위대함을 인정할 수밖에 없었다.

이 '발견'은 오직 기독교만을 철석같이 믿어 온 서유럽인들을 크게 반성하게 했다. '이교도가 기독교도보다 오히려 더 인간적으로 훌륭한 것은 아닐까? 그 이유는 어쩌면, 우리가 잊고 지냈던 플라톤이나 아리스토텔레스 같은 그리스 철학자들의 사상에 있던 것은 아닐까?' 이 철학들에 대해 기독교의 수도승들은 그동안 입을 꼭 다문 채 숨겨 오고 있었다.

게다가 '정의의 전쟁'이어야 했던 십자군 전쟁은 몇 차례에 걸친 원정 끝에 결국 실패로 끝나 버렸다. 특히 제4차 십자군은 같은 기독교 국가인 동로마 제국의 수도 콘스탄티노플을 함락시키고 말았다. 대체 무슨 짓을 저지른 것인가? 이런 일련의 경험은, 과연 기독교가 진정 정의로운 존재인가에 대한 깊은 의문을 남겼다.

십자군은 기독교 수도승들이 서유럽 사람들을 쥐락펴락하며 휘둘러 왔던 권력이 절정에 달했음을 보여 주는 상징인 동시에, 그 권력에 대한 불신을 키우는 계기가 되었다. 참으로 아이러니한 일이다. 그리고 이 불신과 불만은 곧 수도승과 교회 자체에 대한 근본적인 물음으로 번져 갔고, 마침내 르네상스와 종교 개혁이라는 거대한 변화를 일으키게 했다.

> Chap 2. 중세의 철학과 사상

기독교를
구제하려 애쓰다

토마스 아퀴나스 (1224년경~1274년)

중세 서유럽에서는 기독교가 압도적이었던 탓에 플라톤이나 아리스토텔레스 등 고대 그리스 철학자는 사람들의 기억에서 사라져 갔다. 그러나 십자군이 중동이나 동로마 제국을 공격하던 당시에 그 땅에서 계승한 철학을 '역수입'하게 되었다. 앞서 소개한 대로 성 아우구스티누스가 특히 플라톤을 좋아했기 때문에 중세에서도 비교적 연구가 잘 된 축에 속했지만, 까다로운 것이 아리스토텔레스였다.

아리스토텔레스는 현실의 '관찰'을 권장했다. <u>현실을 찬찬히 관찰하다 보면, 교회의 수도승들이 해 왔던 말들과 모순되는 새로운 사실이 잇따라 발견될 우려가 있다.</u> 중세 서유럽 세계에서는 이 세상의 모든 만물이 성서에 이미 다 적혀 있다고 믿었다. 그런데 아리스토텔레스의 철학처럼 관찰을 실천하다 보면, 성서에 없는 사실들이 발견

되고 만다. 이 위험성 때문에 아리스토텔레스의 철학은 오랫동안 금기시되었다. 그러나 십자군 원정을 계기로 그의 철학은 걷잡을 수 없이 유행하게 되었다.

   토마스 아퀴나스Thomas Aquinas는 아리스토텔레스의 철학으로 기독교를 재해석함으로써, 아리스토텔레스와 기독교 사이의 모순을 해소하고 기독교를 구제하려고 했다. 토마스 아퀴나스가 쓴 『신학대전』은 어느 정도 성공을 거두었고, 아리스토텔레스의 철학은 기독교를 거스르는 것이 아니라 보완하는 것으로 자리매김하게 되었다.
   하지만 아리스토텔레스식의 관찰을 계속해 나가다 보면, 수도승이 아니더라도 세상의 새로운 사실을 발견해 내는 사람이 점점 늘어난다. 결국 토마스 아퀴나스의 노력은 기독교의 지배를 연명시키는 데 만족해야 했다.

Chap 3. 르네상스의 철학과 사상

Chap 3. 르네상스의 철학과 사상

십자군이 일으킨 두 개의 혁명
르네상스와 종교 개혁

    십자군 전쟁을 통해 서양 사람들은 서유럽 외부에도 눈부신 문명과 문화가 숨 쉬고 있다는 사실을 알게 되었다. "왜 서유럽은 수백 년 동안이나 변화가 없었던 걸까? 왜 이교도들이 더 풍족하게 살고, 화려한 문명을 누리고 있는 걸까?" 이러한 의문에서 르네상스가 시작되었다.

    중세 시대에는 교회에서 오로지 신을 따르는 법만을 배웠고, 인간은 죄를 지은 악한 존재라는 가르침을 받았다. 그러나 십자군 전쟁을 통해 접하게 된 고대 그리스 철학은 인간을 너무도 자연스럽게 긍정했다. 그 사실에 감명받은 서유럽 사람들은 점차 '문예 부흥'이라는 뜻의 르네상스에 매료되어 갔다.

    조반니 보카치오의 『데카메론』은 르네상스의 꽃을 피우는 씨앗이 되었다. 이 책은 타락한 수도승들의 모습을 에로틱하게 묘사하며 폭로한, 말 그대로 '목숨을 건 음란 서적'이었다. 수도승들을 흉본 것이나 다름없으니 천벌을 받아야 마땅했겠지만, 보카치오는 비교적 평온하게 살아갔다. 그 덕분에 수도승의 흉을 봐도 괜찮다는 인식이 사람들 사이에 널리 퍼져 버렸다. 그리고 점차 수도승들의 말에 얽매이지 않고 자유롭게 사고하는 사람들이 늘어나기 시작했다.

르네상스 시기로 접어들자 회화도 완전히 달라졌다. 중세의 그림에서는 여성의 알몸을 그린다는 것은 말도 안 되는 일이었지만, 르네상스에서는 알몸이 거리낌 없이 쏟아져 나왔다. 인간 존재를 긍정하는 정신이 그림 속에도 넘쳐 났다. 이 시대에는 레오나르도 다 빈치Leonardo di ser Piero da Vinci(1452년~1519년), 미켈란젤로 부오나로티 Michelangelo Buonarroti(1475년~1564년) 같은 쟁쟁한 화가들이 활약했다.

그런데 흥미롭게도, 이들에게 그림을 주문한 이들은 교회 고위 성직자인 추기경이나 교황 같은 인물들이 많았다. 예컨대 미켈란젤로의 『최후의 심판』은 원래 등장인물 모두가 알몸으로 그려졌다. 교황청이 옷을 입히라고 지시했고, 결국 그의 제자가 옷을 그려 넣은 것으로 보인다. 그럼에도 불구하고, 가슴이 훤히 드러난 여성상은 여전히 그대로 남아 있었다. 당시 교회의 수도승들은 르네상스의 화려함을 앞장서서 즐기고 있었던 셈이다.

하지만 르네상스가 서유럽 전역에서 일어난 현상은 아니다. 주로 알프스산맥 이남, 곧 이탈리아 지역을 중심으로 일어났고(그림 3), 그 북쪽, 특히 독일 등지에서는 르네상스와 정반대의 흐름이 나타나고 있었다. 그것이 바로 '종교 개혁'이다.

중세의 교회는 십자군을 파견하기 위한 자금 마련 수단으로 어떤 상품을 '발명'해 냈다. 바로 면죄부, 곧 죄를 사하고 천국에 갈 수 있다는 증서다. 이 면죄부는 엄청난 매출을 올려 교회의 재정을 풍족하게 해 주었고, 그 맛을 본 교회는 면죄부를 계속 발행해 돈을 벌어들이게 되었다.

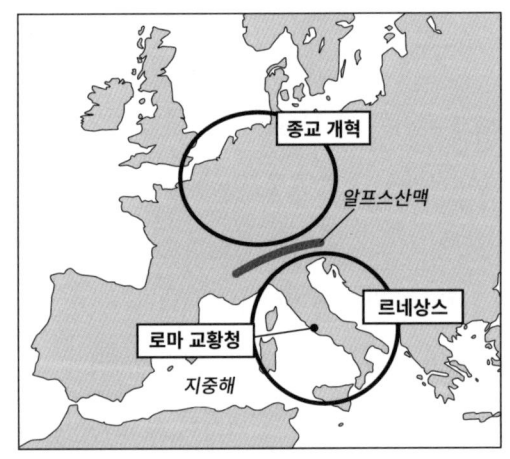

그림 3 르네상스와 종교 개혁이 일어난 지역

하물며 교황과 사제들이 앞장서서 르네상스 문화를 즐기기까지 했다. 알프스 이북의 독실한 기독교도들은 남쪽 사람들이 타락해 가는 모습에 분노했다.

그와 같은 상황에 단호히 반기를 든 인물은 독일 종교 개혁의 핵심 인물 마르틴 루터^{Martin Luther}(1483년~1546년)였다. 루터는 교회의 수도승들과 문답을 거듭하는 동안 "과연 교회와 수도승이 꼭 필요한가?"라는 의문을 품게 되었고, 성서만 있다면 굳이 수도승도, 교회도 필요 없다는 쪽으로 생각이 기울게 되었다. 이른바 성서 중심주의라고도 할 수 있겠다. 이러한 움직임이 바로 '종교 개혁'이다.

종교 개혁에는 루터 외에도 개혁주의 신학자 장 칼뱅^{Jean Calvin}(1509년~1564년) 등이 등장하면서, 교회에 반기를 드는 사람들이 속출하게 되었다. 기존 교회를 지지하는 사람들은 가톨릭(구교), 새로운 생각을 따르는 사람들은 프로테스탄트(신교)라 불렸다. 머지않아 구교와 신교 사이에는 말 그대로 '피로 피를 씻는 분쟁'이 벌어지게 되었다.

알프스 남쪽의 이탈리아에서는 르네상스가, 북쪽의 독일 등지에서는 종교 개혁이 일어났다. 알프스 이북 사람들 눈에는 교회의 수도승들이 비기독교적 문화와 유행을 거리낌 없이 즐기며 타락해 가는 것으로 비추어졌을지도 모른다.

그렇다면, 천 년 가까이 굳건히 이어져 오던 기독교의 지배는 어떻게 르네상스와 종교 개혁이라는 형태로 흔들리게 되었을까?

여기에는 활판 인쇄의 보급이 큰 역할을 한 것으로 보인다. 중세에는 책을 손으로 옮겨 적어야 했기 때문에 엄청난 노력과 시간이 들었고, 당연히 값도 비쌌다. 그래서 책은 주로 교회의 수도승들만 가질 수 있었다.

그러나 르네상스 시대에 접어들면서 활판 인쇄 기술이 발달해 책을 싼값에 대량으로 생산할 수 있게 되었다. 이전까지는 지식을 얻으려면 교회에서 수도승의 설교를 듣는 것이 거의 유일한 방법이었지만, 이제는 책을 통해 다양한 지식을 접할 수 있게 되었다. 고대 그리스 철학도 이렇게 일반 대중에게 퍼져 나가게 되었다.

활판 인쇄는 종교 개혁에도 결정적인 영향을 미쳤다. 서민들도 성서를 직접 살 수 있게 되었기 때문이다. 기독교의 가르침은 더 이상 수도승들만의 전유물이 아니었고, 일반 사람들도 스스로 읽고 생각할 수 있게 되었다. 활판 인쇄는 르네상스와 종교 개혁을 가능하게 만든 원동력이었다.

알프스 이남에서 발달한 르네상스는 이후 갈릴레오나 데카르트 같은 인물들을 통해 과학과 합리주의의 발전으로 이어졌다. 한편, 알프스 이북의 종교 개혁도 후세에 큰 영향을 끼쳤다. 신교(특히 칼

뱅파)에서는 성실하고 부지런히 일하는 인간만이 천국에 갈 수 있다고 가르쳤다. 독일의 사회학자이자 법학자, 철학자인 막스 베버^{Max Weber}(1864년~1920년)는 그 근면성과 성실함이 머지않아 자본주의 발전의 원동력이 되었다고 분석했다. 그의 저서 『프로테스탄트 윤리와 자본주의의 정신』은 이를 대표적으로 설명하고 있다. 종교 개혁 역시 현대 사회의 구조를 형성하는 데 힘을 보탠 셈이다.

르네상스와 종교 개혁. 교황을 정점으로 한 교회가 지배하던 세계를 뒤흔든 이 두 물줄기는, 결국 십자군이 만들어 낸 것이다. 교회가 주도한 십자군 전쟁이 오히려 교회의 권위를 약화시키는 계기가 되었다니, 참으로 흥미로운 역사의 아이러니다.

> Chap 3. 르네상스의 철학과 사상

세계사를 바꾼 음란 서적

보카치오 (1313년~1375년)

중학생 시절, 역사 교과서에서 르네상스 시대 이탈리아 작가 조반니 보카치오 Giovanni Boccaccio 의의 『데카메론』이라는 책을 접한 적이 있다. 마치 카푸치노나 멜론을 연상케 하는 독특한 작가 이름과 책 제목 때문인지 그 이름은 단번에 머릿속에 입력되어 버렸다. 그래 봬도 교과서에 실릴 정도면 꽤 중요한 책이 아닐까?

대학생이 된 후 나는 중학교 역사 교과서에 실린 책은 다 읽어야 겠다는 결심을 하게 되었고, 『데카메론』을 읽어 보기로 했다. 서점에서 문고본을 찾아 집어 드는 순간, 표지를 보고 흠칫 놀라 책장에 도로 밀어 넣고 말았다. 여성의 허벅지, 속옷 차림… 마치 성인 소설 같은 표지였다.

아직 감수성이 예민했던 나는 내 차례에는 꼭 남성 직원이 계산해 주기를 고대하면서 차례를 헤아려 계산대 줄에 섰다. 그런데 하필 바로 앞뒤 순서가 바뀌는 바람에 결국 여성 직원이 계산해 주었고, 그 기억은 지금도 잊히지 않는다.

그런데 왜 이 역사적인 책의 표지에 속옷 차림의 여성이 그려져 있었을까? 당황한 채 책을 읽어 보니, 더 놀랄 수밖에 없었다. 야하다. 아무튼 야하다. 이렇게까지 야한 고전을, 나는 그때까지 읽어 본 적이 없었다. '성인 소설 같은 표지'는 반전 없이, 내용까지 19금 그 자체였다.

그림 4 데카메론(상편)

그렇다면 왜 이런 음란 서적이 중학교 교과서에 실렸을까? 그 이유는 이 책이 단순한 소설이 아니라, 세계사를 바꾼 '목숨을 건 책'이었기 때문이다.

앞서 설명했듯이 서유럽 사람들은 십자군을 통해 이교도들을 만났다. 그리고 그들도 인간이고, 그중에는 존경받아 마땅한 사람들도 있으며, 서유럽보다 월등하게 고도의 문명을 자랑한다는 사실도 알았다.

한편, 중세 서유럽을 지배했던 수도승들은 압도적인 권력을 손에 넣고 점점 부패해 갔다. 교회 지하에는 수도승들로 인해 태어난 아기들의 유골이 수북이 쌓여 있었다고 전해진다. 서민들도 그 실태를 짐작하긴 했지만 수도승들의 흉을 보면 지옥에 떨어진다며 겁을 주었기에 수도승을 비판할 용기가 나지 않았다. 하지만 보카치오의 『데카메론』은 음란 서적이라는 형태로 수도승의 타락한 모습을 그려 냈다.

수도승을 험담하면 천벌이 떨어져 목숨을 잃을 수도 있다. 그런 위험이 있었는데도 보카치오는 글을 쓴 것이다. 예상대로 보카치오는 번번이 수도승들에게 회개하라는 둥, 천벌이 떨어진다는 둥 협박을 받았다고 한다. 그런데 천벌이 떨어지지 않은 채 의외로 순탄하게 살았다. 죽음을 앞둔 보카치오는 두려움에 결국 회개했다고 하지만, 그때까지 딱히 천벌을 받지 않았다.

보카치오의 『데카메론』은 수도승이나 기독교를 비판해도 지옥에 떨어질 걱정을 하지 않아도 된다고 생각하는 사람들이 늘어나는 계기가 되었다. '수도승들을 험담하면 지옥에 떨어진다'라는 그 당시의 상식을 음란 서적이 깨부순 것이다. 이때부터 사람들은 자유롭게 사고하기 시작했다. 수도승이나 기독교의 가르침을 신경 쓰지 않게 된 것이다. 이리하여 르네상스가 점점 꽃을 피우게 되었다.

> Chap 3. 르네상스의 철학과 사상

인류를
조연으로 바꾸다

코페르니쿠스 (1473년~1543년), **갈릴레오**(1564년~1642년),
케플러(1571년~1630년)

르네상스는 천문학의 발전에도 큰 영향을 미쳤다. 그리고 천문학의 발달은 교회의 수도승들이 가르쳐 온 세계관을 뒤흔드는 계기가 되었다.

중세 사람들은 '태양이 지구의 주위를 돈다'는 천동설을 믿었는데, 니콜라스 코페르니쿠스$^{\text{Nicolaus Copernicus}}$는 이와 반대로 '지구가 태양의 주위를 돈다'라는 지동설을 주장했다. 그러나 코페르니쿠스의 지동설은 당시로서는 계산 정확도가 떨어졌고, 오히려 고대 수학자 클라우디오스 프톨레마이오스$^{\text{Claudius Ptolemaeus}}$(83년경~168년경)의 천동설이 천체의 움직임을 더 정확하게 예측할 수 있었기 때문에, 지동설이 곧바로 널리 받아들여지지는 않았던 것으로 보인다.

하지만 갈릴레오$^{\text{Galileo di Vincenzo Bonaiuti de' Galilei}}$와 요하네스 케플러

Johannes Kepler가 치밀하게 천체를 관측해 나가면서(이는 아리스토텔레스의 '관찰'과도 통한다) 지동설은 더욱 정교하게 일식이나 행성의 움직임을 예측할 수 있게 되었고, 결국 점점 더 유력한 이론으로 떠오르게 되었다.

그렇다면 천동설에서 지동설로의 전환은 사람들의 의식에 어떤 변화를 가져왔을까? 아마도 가장 큰 변화는 '인류는 조연에 불과하다'라는 인식으로의 전환일 것이다. 천동설이 통용될 때, 사람들은 지구가 우주의 중심이며 인류가 그 세계의 주인공이라고 믿었다. 그 안에서 인류는 신에게 특별히 선택받은 존재라고 여길 수 있었다.

하지만 '지구는 태양의 주위를 도는 행성 중 하나일 뿐이다'라는 지동설이 진실이라면 지구는 더 이상 중심이 아니며, 단지 우주의 수많은 별 중 하나일 뿐이다. 그렇게 되면, 서민을 다스리는 왕이나, 교회의 수도승 역시 결국은 일반 사람들과 마찬가지로 태양의 주위를 돌고 있는 '조연'에 불과하게 된다(그림 5).

천동설은 지배자들의 입맛에 잘 맞는 우주관이었다. 인류가 우주의 주인공이며 그 꼭대기에 교회의 수도승이 있고, 수도승 위에 신이 있다는 계층 구조로 우주를 이해할 수 있었다.

하지만 지동설은 그러한 계층 구조를 무너뜨렸다. 서민이든 왕이든 수도승이든 모두가 똑같이 태양을 도는 행성 위에 살고 있는 존재일 뿐이다. 이 새로운 우주관과 세계관은 기독교 중심의 질서를 뒤흔드는 결정적인 요인이 되었다.

그림 5 천동설과 지동설

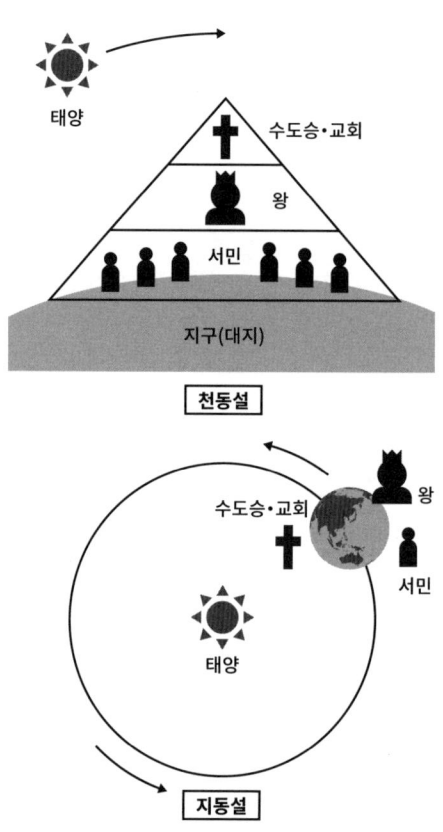

애니메이션 〈도라에몽〉의 엔딩 테마곡 중에 '우리들은 지구인'이라는 노래가 있다. 우주적 관점에서 보면 지구라는 별에 인류라는 생물종이 우연히 살고 있을 뿐이라는 인식을 담고 있다. 인종의 차이도 지배자와 서민을 나누는 계급도 모두 사소한 것으로, 결국 우리는 모두 똑같은 '지구인'일 뿐이라는 메시지다.

천동설에서 지동설로 전환된 인식은 왕이나 수도승이 지배하던 군주국가의 세계관에서 서민이 주체가 되는 민주주의적 사고로의 전환에 커다란 영향을 끼쳤다고 볼 수 있다.

고대 중국에는 이런 유명한 말이 있다.

"왕이나 귀족, 장군이나 대신이 서민과 무슨 차이가 있단 말인가!"

왕이나 귀족, 장군, 대신 같은 높은 신분을 가진 사람도 우리 같은 서민과 무엇이 다르냐는 외침이다. 이 말은 진승陳勝(?~기원전 208년)이라는 인물이 자신이 일으킨 반란을 정당화하기 위해 실력주의를 선언한 구호로, 지동설과는 직접적인 관련이 없다. 그러나 "같은 지구에 사는 같은 인간이 아닌가?"라는 진승의 외침은 어딘가 지동설이 던지는 메시지와 닮아 보인다.

지동설은 천문학을 발전시켰을 뿐 아니라 인류가 이 세계에서, 더 나아가 우주 안에서 어떤 위치에 놓여 있는 존재인지를 다시 생각하게 했다. 그런 점에서 인류의 자의식을 뒤흔든 가설이라고 해도 과언이 아니다.

당시 교회가 갈릴레오에게 지동설을 철회하라고 강하게 압박했던 것도 어쩌면 그런 새로운 세계관이 주는 위기감을 느꼈기 때문일 것이다. 그러나 이제는 왕도, 수도승도 모두 이 세계의 조연에 불과하다는 인식이 점차 퍼지기 시작했다.

코페르니쿠스, 갈릴레오, 케플러가 확립한 지동설은 왕이나 수도승이 지배하는 사회 질서를 당연하게 여기던 '상식'에 균열을 일으켰다. 그렇게 해석해 볼 수도 있을 것이다.

> Chap 3. 르네상스의 철학과 사상

상식 파괴의
본보기

몽테뉴 (1533년~1592년)

또다시 개인적인 이야기를 해서 송구스럽지만, 프랑스의 사상가이자 철학자, 문학가인 미셸 드 몽테뉴 Michel de Montaigne의 『수상록』은 내 인생을 바꾼 책이다. 고등학교에 입학할 때부터 읽기 시작했는데, "책을 읽을수록 (내) 성격이 점점 바뀌니까 정말 곤혹스럽더라."라고 동생이 하소연할 만큼 영향을 받았다.

역사 교과서에서는 몽테뉴를 '회의주의'의 대표적 인물로 소개하곤 한다. 그래서 '어지간히 의심이 많은 사람인가 보다.'라는 인상을 갖기 쉽지만, 내가 보기엔 전혀 그런 면이 느껴지지 않았다. 단지 생각을 자유롭게 하는 사람이라는 인상을 받았다.

몽테뉴가 살던 시대의 귀족들은 고기를 먹을 수 있는 특권층이었다. 채소는 입에도 대지 않았다. 그래서 요로결석에 시달리는 귀족이 많고, 그 고통을 겪으면 세상이 끝난 듯 한탄하는 사람이 허다했다고 한다. 몽테뉴는 그런 모습이 꼴불견이라며 혀를 찼지만, 결국 자신도 요로결석이 생기고 말았다.

어떻게든 그 고통을 극복해서 당당하게 살고 싶었던 그는 '죽음'을 생각해 보기로 했다. 죽음에 대한 공포에 비하면 고통쯤은 견뎌 낼 수 있지 않을까 싶었던 것이다.

몽테뉴는 죽음을 두려워하지 않았던 철학자들의 이야기를 찾아봤다.

소크라테스는 사형 선고를 받고 독이 든 당근즙을 깨끗이 마신 뒤, 독이 퍼지도록 걸어 다니다가 친구들과 제자들이 지켜보는 가운데 조용히 숨을 거두었다.

고대 로마 공화정 말기의 정치가 소 카토^{Marcus Porcius Cato}(기원전 95년~기원전 46년)는 어린 시절, 화가 난 어른이 그를 창밖에 매달고는 "잘못했다고 빌어라. 안 그러면 떨어뜨려 죽여 버릴 테다!"라고 위협했지만, 그는 아무 말 없이 어른을 똑바로 바라보기만 했다. 결국 어른은 그의 기세에 눌려 어쩔 수 없이 다시 끌어올릴 수밖에 없었다.

이탈리아 고대 로마 제정기의 스토아 철학자 루키우스 세네카^{Lucius Annaeus Seneca}(기원전 1년경~65년)는 폭군 네로^{Nero}(37년~68년)에게 자살을 명령받자, 병사들 앞에서 스스로 손목을 그은 뒤 피가 굳어 출혈이 멈추지 않도록 욕조에 들어가 조용히 죽음을 맞이했다.

이렇게 죽음을 담담히 받아들인 철학자들의 사례를 접하며, 몽테뉴는 자신도 죽음을 두려워하지 않고 고통을 개의치 않는 사람이 되고 싶다고 생각했다. 그런데….

몽테뉴는 젊은 시절 유럽 각지를 돌아다녔다. 당시 유럽은 페스트라는 무시무시한 병이 창궐하던 시기였다. 여행 중에 그는 병든 귀족이 "나는 이제 끝이야…."라고 절망하며 몸부림치다 죽어 가는 모습을 목도했다.

한편, 여행 중에 그는 페스트에 걸린 농부를 만났다. 그 농부는 병에 걸렸음에도 평소처럼 밭에 나가 일을 했다. 그리고 결국 몸을 가누지 못하게 되자 조용히 누워 죽음을 맞이했다. 마치 소크라테스나 세네카처럼 말이다.

귀족은 철학이나 사상을 공부해서 교양을 쌓았지만, 서민은 그러지 못했다. 그런데도 못 배운 농부가 삶과 죽음을 더 깊이 이해하고 죽을병에 걸려도 평소와 똑같이 지내다가, 때가 오자 조용히 죽음을 받아들였다. 어떻게 농부의 마지막이 철학자의 마지막 모습과 이렇게나 닮았을까?

그래서 몽테뉴는 죽음에 대한 생각을 그만뒀다. '아니, 뭐라고?' 나는 깜짝 놀랐다. 반전도 정도껏 해야지. 어떤 곤경도 헤쳐 나갈 수 있도록 가장 받아들이기 어려운 죽음을 직시하고, 그걸 위해 영웅들의 자세를 배우길래 '아, 역시. 멋있다.'라며 감탄하고 있었는데 이제 죽음에 대해 생각하지 않겠다니! 『수상록』은 시종일관 이런 식이라 몇 번을 뒤로 자빠졌는지 모르겠다.

몽테뉴의 『수상록』에는 상식을 파괴하는 이야기로 가득하다. 서유럽인이 다른 나라의 왕을 알현했는데, 왕이 손으로 코를 풀자 서유럽인은 더럽다는 듯 얼굴을 찡그렸다. 왕이 "자네들은 코를 어떻게 푸는가?" 하고 묻자, 서유럽인은 "저희는 우아하게 명주 손수건으로 코를 풉니다."라고 대답했다. 왕은 "콧물 따위에 고급스러운 명주 손수건을 쓰는 자네들이 더 이상하네."라고 대답했다고 한다.

대항해 시대에 서유럽인이 만난 어떤 종족은 죽은 자의 살을 먹는 풍습을 지니고 있었다. 서유럽인이 "야만스럽기 짝이 없군."이라며 비판하자, 현지인이 "자네들은 어떻게 추모를 하는가?" 하고 물었다. 서유럽인은 "관에 넣어 땅속에 정성스럽게 묻네."라고 대답했다. 그러자 현지인은 "소중한 사람의 살점을 구더기가 먹게 하는 자네들이 더 이상하네."라고 답했다.

이 두 개의 에피소드는 서유럽인이 옳고 아름답다고 믿었던 정의가 '전제'를 살짝 바꾸기만 해도 확 뒤집어진다는 것을 보여 준다. 몽테뉴는 모든 사람이 진실이라고 믿는 일이라도 전제를 살짝 바꾸면 180도 돌변하는 여러 사례를 차례차례 제시했다.

몽테뉴는 특정 사상에 매달리는 것이 얼마나 어리석은지 일찍이 깨달은 인물일 것이다. 그런 의미에서 소크라테스의 순수 제자 중 한 사람처럼 보이기도 한다.

몽테뉴의 『수상록』은 후세의 데카르트나 루소, 니체 등의 철학자들에게 큰 영향을 끼쳤다고 한다. 이들은 각자 시대의 '상식'을 타파한 인물들이다. 『수상록』은 그러한 상식을 깨부수는 방법을 배우기에 매우 좋은 참고서다.

> Chap 3. 르네상스의 철학과 사상

의심할수록
믿음에 빠지는 사람들

데카르트 (1596년~1650년)

르네 데카르트 René Descartes는 현대 사회를 탄생시킨 가장 과격한 상식 파괴자일 것이다. 서유럽에는 여전히 경건한 기독교도들이 많지만, 데카르트 이전에는 존재할 수 없었던 사람들이 데카르트 이후에는 나타나게 되었다. 그 이름은 '무신론자'다.

드니 디드로 Denis Diderot는 무신론자의 전형적인 인물이다. 물론 이전에도 무신론자는 있었지만, 대개는 화형을 당하고 말았다. 그러나 디드로는 목숨을 잃지 않았다. 데카르트 덕분이다. 사물이 이치대로 움직인다는 관점, 즉 근대 합리주의가 사회 전반에 퍼지면서 무신론자도 공공연히 인정받을 수 있게 되었기 때문이다.

만약 데카르트가 등장하지 않았다면, 디드로 역시 무사히 넘어가지 못했을 것이다. 오늘날에는 신앙이 있는 사람조차도 이 세계가 합리적으로 움직인다고 믿는다. 그처럼 전 세계에 합리적 세계관을 심은 인물이 바로 데카르트였다.

데카르트는 종교 개혁이 한창이던 시대를 살았다. 1572년, 당시 구교도들이 신교도를 무참히 학살한 성 바르톨로메오의 대학살 같은 참극도 일어났다. 같은 기독교인끼리 서로가 옳다고 주장하며 피를 흘렸다. 중세에는 기독교만이 안식처였는데, 그 기독교가 분열되어 어느 쪽을 믿어야 할지조차 알 수 없었다. 데카르트는 그런 시대에 살았다.

그는 그런 혼란 속에서도 진리를 꿰뚫을 방법이 없는지 골똘히 고민했다. 이윽고 아이디어를 지인에게 흘렸고, 감동한 친구들은 책으로 엮자고 권했다. 처음으로 책을 내려고 하던 찰나, 갈릴레오가 종교재판에 회부되었다는 소식을 듣게 되었다. 갈릴레오는 앞으로 지동설을 주장하지 않겠다는 약속을 강요받았다. 이 이야기를 듣고, 데카르트는 자신의 책을 불살라 버렸다고 한다. 그는 자신의 사상이 기독교 체계를 파괴할 수 있음을 자각했던 것 같다.

하지만 친구들의 거듭된 권유로 결국 책을 출판하게 되었고, 데카르트는 자신의 생각을 간결히 정리해 『방법서설』을 펴냈다. 이 책은 곧 세계사를 바꾸게 되었다.

『방법서설』의 핵심은 두 가지 원리로 요약할 수 있다.

모든 기존 개념을 의심하거나 부정하라.
확실해 보이는 것에서부터 사상을 재구축하라.

데카르트는 우리가 보고 듣고 만지는 것을 곧이곧대로 믿기 쉬우나, 꿈속에서도 똑같이 느낄 수 있기 때문에 모두 착각일 수 있다고 의심했다.

그렇게 믿고 있던 것들을 철저히 부정한 끝에, 도저히 부정할 수 없는 단 하나가 남았다. 바로 의심하려는 자기 자신, 즉 사고하고 있는 자기 자신의 존재였다. 이 결론이 바로 교과서에서도 등장하는 그 유명한 말이다.

"나는 생각한다, 고로 존재한다."

하지만 '나는 생각한다, 고로 존재한다'라는 문장을 반드시 그렇게 중대하게 받아들일 필요는 없을지도 모른다. 오히려 주목할 점은 '모든 것을 의심하고 부정하라'는, 다소 과격하고 난폭한 방법론을 권하고 있다는 사실이다. 그것이야말로 후세 사람들에게 더 혼란스럽고 성가신 유산일지도 모른다.

우리는 어릴 때부터 많은 사실을 소박하게 믿으며 살아왔다. 가족은 분명히 존재하고 나를 사랑해 준다. 친구도 존재하며 나를 좋아해 준다. 식사에는 독이 들어 있지 않고, 자동차는 신호를 지킨다. 지나가는 사람이 칼을 들고 난동을 부릴 일은 일반적이지 않다. 우리는 이런 소박한 신뢰 속에서 살아간다.

만약 '오늘은 차들이 역주행할지도 몰라.'라고 의심한다면, 무서워서 길거리도 걷지 못할 것이다. 친한 친구가 나를 죽일지도 모른다고 생각한다면 누구도 만나지 못할 것이다. <u>소박한 신뢰를 잃는 순간, 우리는 공포와 절망에 빠지게 된다.</u>

데카르트의 첫 번째 원리는 그런 신뢰조차도 의심하라고 요구한다. 지금까지 자연스럽게 믿어 온 모든 것을, 일단은 모두 의심하고 부정하라는 것이다. 정말이지, 정신적으로도 육체적으로도 고된 작업이다. 그럼에도 불구하고, 데카르트 이후의 사상가들은 그 가르침을 따랐다. 왜냐하면 이 고통스러운 작업을 통해 절대 틀림없는 사상을 만들 수 있을지도 모른다는 희망이 있었기 때문이다.

데카르트 이전에는 기독교만을 믿었다. 하지만 그 기독교마저 구교와 신교로 나뉘며 어느 쪽이 옳은지 알 수 없게 되었다. 사람들은 깊은 불안과 혼란에 빠졌다. 그런 가운데, 어떻게 해야 진리에 이를 수 있을지 절실히 고민했다.

그때 등장한 것이 데카르트의 『방법서설』이었다. 그는 그 책에서 진리를 향한 하나의 방법을 다음과 같이 제시했다.

한 사람이 처음부터 다시 디자인한 도시는 아름답다. 여러 사람이 제각각 디자인한 거리는 통일감이 없어서 아름답지 않다. 하지만 뛰어난 디자이너 한 사람이 낡은 것을 싹 치우고, 전체를 통일해서 다시 디자인하면 아름답고 합리적인 도시를 창조할 수 있다고 그는 주장했다. 『방법서설』에서 제시한 이 생각은, 당시 지식인들에게 무척 매력적으로 다가왔다.

"그렇구나! 모든 기성 개념을 불도저처럼 뿌리째 뽑아 버리고 철저히 의심하고 부정한 다음, 그때부터 옳은 것들로만 재구축하면 오류 하나 없이 완벽한 사상을 손에 넣을 수 있는 것 아닌가!"

데카르트의 제안을 접한 이후, 많은 철학자와 사상가는 한 번쯤은 이 사고법을 실제로 실천해 보게 되었다. 게다가 이 사고방식이 데카르트의 책을 읽어 본 적 없는 사람들에게까지도 스며들어, '의심'이란 현명한 인간이라면 마땅히 해야 할 일이라고 믿게 만들었다.

몇 해 전, 지하철을 타려던 어느 날의 일이다. 승강장 기둥 하나에 "신문을 의심하라"라는 광고 문구가 붙어 있었다. 광고주는 다름 아닌 한 신문사였다. 신문사가 스스로 신문을 의심하라고 말하는 모순도 흥미로웠지만, 이 광고는 '의심하는 것'을 멋있다고 믿어 의심치 않는 우리의 사고방식을 단적으로 보여 주는 장면이었다.

강력한 부작용

'모든 것을 의심하고 부정하라'는 데카르트의 제안을 실천하는 사람이 늘어난 결과, 신을 두려워하는 사람은 줄어든 대신 합리적으로 생각하는 사람이 늘어났다. 신이 없어도 모든 것이 과학의 법칙에 따라 움직인다고 보는 생각을 유물론이라고 하는데, 데카르트 이후에는 유물론적 사고를 하는 사람이 많아졌다. 그의 제안은 과학의 시대, 합리주의의 시대로 나아가는 데 결정적인 역할을 해 낸 것이다.

데카르트 덕분에 우리는 과학과 합리주의의 시대에 살고 있다. 하지만 한편으로는 그 부작용이 점점 눈에 띄기 시작한다. 아이러니하게도 그 부작용이란 '자신을 믿어 의심치 않는 사람'을 대량으로 생산하게 되었다는 점이다.

데카르트의 '모든 것을 의심하고 부정하라'는 제안을 실천하는 일은 실로 고통스러운 작업이다. 앞에서도 말했듯 자신이 어릴 적부터 소박하게 믿어 왔던 것들, 달콤하고 아련한 추억들까지 모두 한 번쯤은 의심하고 부정해야 하기 때문이다. 이처럼 고통스러운 작업을 끝까지 해내면, 사람은 어느새 '세상은 넓다지만 이렇게까지 해낸 사람은 나밖에 없지 않을까? 그렇다면 나는 세계에서 가장 현명하고, 흠잡을 데 없는 완전무결한 인간이 아닐까?'라는 묘한 자신감에 빠져든다고 한다.

심리학에서는 이를 '보상'이라고 부른다. 이렇게까지 고생했으니, 그에 합당한 보상이 있어야 한다는 심리가 자신이 구축한 사상을 '절대적으로 옳다'고 믿게 만드는 것일지도 모른다.

프랑스 혁명기 시절, 로베스피에르는 자신과 의견이 다른 이들을 마구 처단하며 공포 정치를 펼쳤다. 자기 생각이 옳다고 믿었기 때문일 것이다. 레닌은 자신의 공산주의가 옳다고 확신하고, 반대하는 이들을 숙청했다. 폴 포트는 전 국민이 농민이 되면 이상적인 국가가 실현된다고 믿고, 그에 반하는 이들을 학살했다.

이 사람들이 실제로 데카르트의 『방법서설』을 읽었는지는 알 수 없다. 그러나 데카르트 이후의 지식인 중에는 그의 '모든 것을 의심하고 부정하라'는 제안을 실천한 사람이 매우 많다. 자신은 모든 것을 의심했고, 깊은 검증 끝에 자신의 사상을 재구축했기 때문에 그것은 절대적으로 옳다고 믿게 된 것이다. 그러한 생각은 점차 일반인들 속으로도 스며들었다.

스페인의 철학자 호세 오르테가 이 가세트^{José Ortega y Gasset}(1883년~1955년)는 이렇게 '자신의 생각을 믿어 의심치 않는 사람들'을 '대중'이라고 불렀다. 자신의 식견이 남보다 더 낫다고 믿는 탓에 타인을 무시하고 부정하는 사람들, 그리고 그런 태도를 보이는 이들을 대중이라 명명하며 비판했다.

나는 데카르트의 제1원칙, '모든 것을 의심하고 부정하라'를 실천한 결과 역설적으로 '의심하기 때문에 믿음에 빠지는 사람'이 대량으로 생겨난 것처럼 느낀다. 그것은 극약이라 부작용도 치명적이었다.

사실 데카르트는 플라톤과 묘한 공통점을 가졌다. 두 사람 모두 리쿠르고스라는 인물을 언급했다는 점이다. 리쿠르고스에 대한 전설은 앞서 이야기한 바 있다. 스파르타를 뿌리부터 다시 만들어 강국으로 탈바꿈시킨 전설 속 인물이다.

플라톤은 국가를 무無에서부터 재건축한 사례로 리쿠르고스를 소개했다. 데카르트 역시 사상을 재구축하는 모델로 리쿠르고스를 들었다. 다시 말해 플라톤과 데카르트는 모두 과거를 완전히 부정하고 모든 것을 재창조하려는 발상을 공유했으며, 그 사고의 근원에는 리쿠르고스라는 전설이 자리하고 있다.

나는 이처럼 '모든 것을 끝까지 의심한 끝에 자신의 생각을 절대적으로 믿게 된 사람'을 '리쿠르고스의 망령'이라 부른다. 리쿠르고스의 망령에 사로잡힌 사람은 아무리 타인이 잘못을 지적해도 들으려 하지 않는다. 자신의 사상을 업데이트할 의지가 전혀 없다.

"왜냐하면 내 사상은 완벽하니까. 네가 지적한 건 이미 다 검토해 봤으니까."

이런 식으로 단정해 버리기 때문에 타인의 말을 귀담아듣지 않는다. 결국 데카르트의 '모든 것을 의심하고 부정하라'는 제안은, 역설적으로 자신의 생각을 의심하지 않는 사람들을 대량으로 만들어 낸 책임이 있는 것 아닐까.

그러나 우리는 과학 분야에서도 종종 실수가 벌어진다는 사실을 알고 있다. '로보토미'라는 기술은 한때 혁신적인 정신병 치료법으로 평가받아 노벨 생리의학상까지 받았지만, 사실은 뇌엽을 절제해 사람을 폐인으로 만드는 끔찍한 치료법이었다. 지금은 말도 안 되는 실수였다는 것이 명확하게 밝혀졌다.

'마법의 물질'이라 불렸던 프레온가스는 나중에 지구의 오존층을 파괴하는 물질로 지탄받았다. 한때 절대 '선善'이라고 여겼던 것이 시간이 지나 악으로 드러난 사례다.

그렇다. 과학도, 합리주의도 실수할 때는 실수하고, 틀릴 때는 틀린다. 그건 너무나 당연한 일이다. 인간은 어떤 경우에도 실수를 완전히 피할 수 없다는 사실을, 현대인들은 이제야 조금씩 깨닫기 시작했다.

다시 한번 강조하자면 내 생각에 데카르트의 '모든 것을 의심하고 부정하라'는 제안은 극약에 가깝다. 그래서 나는 그것을 조금 더 부드러운 방식으로 업데이트해야 한다고 믿는다.

내가 제안하고 싶은 것은 '전제 따지기'다.

전부 다 의심할 필요는 없다

교토대학교 명예 교수 혼조 다스쿠 ほんじょたすく(1942년~) 씨는 노벨 생리의학상 수상 기자 회견에서 "교과서를 의심하라."라는 발언을 했다. 혼조 씨에 따르면 당시 교과서에는 '면역으로는 암을 고칠 수 없다'라고 적혀 있었다. 그는 이 교과서를 의심했기 때문에 획기적인 연구 성과를 낼 수 있었다고 설명했다.

나는 혼조 씨의 설명을 조금 더 명확하게 정리해 볼 필요가 있다고 생각한다. 교과서는 묵시적으로 '면역을 강화해도 암은 고칠 수 없다'라는 전제를 깔고 있었다. 혼조 씨는 이 전제를 바꾸었다. 면역을 강화하는 것이 아니라, '면역에 걸린 브레이크를 해제한다'라는 새로운 전제를 세운 것이다. 그 결과 지금까지와는 전혀 다른 방식의 획기적인 치료약, '면역 체크포인트' 억제제가 탄생했다.

즉, 교과서에 적힌 모든 내용을 무턱대고 의심한 것이 아니라 교과서가 자각 없이 전제하고 있던 논리를 바꾸었기 때문에 새로운 발견이 가능했던 것이다.

전제를 따져 보기만 해도 획기적인 발견은 가능하다. 예를 들어 '금속은 수소 가스에 노출되면 물러진다'라는 것은 금속공학 분야에서 거의 교과서처럼 여겨지는 상식이다. 이는 수소 분자가 매우 작아 금속 내부에 침투해 구조를 파괴하기 때문이다. 그런데 어떤 연구자가 '그렇다면 초고농도·초고압 수소 가스에 노출되었을 때는 얼마나 물러질까?'라는 의문을 품고 실험해 보았다. 그러자 의외로 수소가 침투하지 않았고, 금속은 아무 이상이 없었다.

이는 기존 교과서가 아무런 설명 없이, '수소 가스는 어중간한 농도와 압력에서 금속에 침투한다'라는 전제를 두고 있었기 때문에 생긴 오해였다. 이 전제를 '초고농도·초고압'이라는 조건으로 바꾸자 전혀 다른 결과가 나온 것이다.

결국 전부 다 의심할 필요는 없다. 교과서에 실린 모든 내용을 일일이 의심하려 든다면, 인류가 축적해 온 온갖 지식을 다시 검증해야 한다. 그랬다간 하루아침에 하늘이 무너질 것 같은 불안에 시달릴 것이다. 그렇게 낡은 지식을 하나하나 재검증하다 보면 인생이 끝나 버릴 수도 있다.

<u>그러나 전제만 따져 묻는다면, 전부를 의심할 필요는 없다.</u> 기존의 전제를 그대로 두었을 경우에는 교과서와 같은 결과가 나올 수밖에 없다고 믿게 된다. 하지만 전제를 바꾸면, 결과 또한 새롭게 바뀔 가능성이 있다. 새로운 지식을 창출하고자 한다면, 모든 것을 부정하기보다는 지금까지 시험해 본 적 없는 전제로 바꿔 보는 것만으로도 충분하다.

이러한 원리는 과학뿐 아니라 철학이나 사상의 영역에서도 그대로 통용된다. 현재의 전제를 그대로 유지해도 문제가 없다면 굳이 의심하지 않는다. 하지만 기존 전제를 더는 유지할 수 없는 상황이 왔다면, 과감하게 전제를 바꾸어 보는 것이 필요하다. 그렇게 생각하면 된다.

예컨대 현대인은 지난 수십 년간 '석윳값이 싼 것이 당연한 세상'에서 살아왔다. 이 전제가 유효한 동안 우리는 차를 몰고 다니고, 전등을 밝혀 밤을 낮처럼 만들고, 에어컨을 풀가동한 공간에서 쾌적하게 지낼 수 있었다. 화학 비료를 사용해 식량을 대량 생산하고, 분에

넘치는 식사를 즐길 수 있던 것도 다 이 전제 덕분이었다.

그런데 이 전제가 점차 무너지고 있다. 정보 보안 전문가 윌리엄 로빈슨 클라크의 『페트로달러 전쟁Petrodollar Warfare』에 따르면, 중동에서 석유 채굴이 시작되었을 무렵에는 1의 에너지를 들이면 200배에 달하는 석유 에너지를 얻을 수 있었다. 그러나 셰일 오일 등 새로운 기술로 채취되는 석유는 열 배도 채 안 된다. 석유를 가공하거나 수송하는 데 드는 에너지를 고려하면, 최소 세 배 이상의 에너지를 얻지 못하면 사실상 '적자'다. 석유 채굴은 점점 이 '세 배'라는 데드라인에 다가가고 있으며, 저렴한 석유 시대는 서서히 종말을 맞고 있다.

'석유는 펑펑 쓸 수 있다'라는 전제가 무너진 것이다. 우리는 이제 '석유를 쓰고 싶어도 마음껏 쓸 수 없는 전제'에 기반한 새로운 사회를 구축해야 한다.

이처럼 전제 하나만 바뀌어도 사고의 틀 전체가 업데이트되어야 한다. 그런데도 여전히 '모든 것을 의심하고 부정하라'는 데카르트의 말을 맹목적으로 따르다 보면, 오히려 부작용이 더 눈에 띄게 된다.

"석유가 정말로 고갈될 리 없어. 미생물이 계속 만들어 준다던데?" 같은 터무니없는 주장이 힘을 얻고, 합리적인 경계심은커녕 입맛에 맞는 정보만 골라 믿는 태도가 팽배해진다. 그리하여 '모든 것을 의심하라'는 데카르트의 제안은 점차 '입맛에 맞지 않는 이론은 트집을 잡으려 하고, 입맛에 맞는 이론만 쏙쏙 골라 믿기 위한 도구'로 전락해 가고 있는 듯하다.

물론 데카르트가 합리주의 시대를 연 데에는 엄청난 공로가 있다. 그 누구도 그 사실을 부정할 수 없다. 하지만 지금은 그 제안을 업데이트할 시점이 아닐까.

그의 제안은 원래 '절대적으로 옳은 진리'를 얻기 위한 전제였지만, 현대에 사는 우리는 그 전제에 무리가 있음을 인식하고 있다. 이제는 절대적 진리보다는 현실과 가까운 가설을 세우고, 그것을 끊임없이 업데이트해 가는 접근이 더 적절하다. 우리의 인식 또한 그런 전제로 바뀌었다는 자각이 필요한 시점이다.

Chap 4. 근대의 철학과 사상

> Chap 4. 근대의 철학과 사상

우주는
법칙의 지배 아래에 있다

뉴턴 (1642년~1727년)

아이작 뉴턴Isaac Newton이 떨어지는 사과를 보고 만유인력의 법칙을 발견했다는 일화는 사실 여부와 관계없이 매우 유명하다. 많은 사람은 이 이야기 덕분에 과학이라는 것이 일상의 관찰에서 시작될 수 있다는 인상을 받기도 한다.

그러나 실제로 뉴턴이 만유인력의 법칙을 발견하게 된 배경에는 오랜 시간 축적된 과학적 성과가 있었다. 뉴턴 이전에는 천문학자 티코 브라헤와 요하네스 케플러가 행성의 운동에 대해 방대한 관측 기록을 남겨 놓았고, 뉴턴은 이 데이터를 바탕으로 만유인력의 법칙을 도출해 냈다. 그는 미적분을 발명하는 등 그밖에도 여러 학문 분야에서 중요한 공적을 남겼지만, 특히 만유인력의 법칙을 발견한 일은 세계사 전체에 절대적인 영향을 끼쳤다.

이 세상에 존재하는 모든 물체는 만유인력의 법칙을 따른다. 인간의 몸, 지구상의 모든 사물 그리고 태양계와 은하를 포함한 우주의 모든 천체까지도 이 법칙의 지배를 받는다. 이처럼 보편적이고 강력한 법칙이 발견된 이후, 사람들은 세계를 바라보는 관점을 근본적으로 바꾸게 되었다.

이 새로운 관점에서 보면, 신이 이 세계에 임의로 개입할 여지는 거의 없다. 신이 섣불리 자연에 손을 댔다가는 만유인력의 법칙을 깨뜨릴 수 있기 때문이다. 법칙이란 언제나 동일하게 작동해야만 신뢰할 수 있으며, 그렇지 않으면 과학적 설명은 무너지게 된다.

바뤼흐 스피노자 Baruch Spinoza(1632년~1677년)는 뉴턴보다 앞선 시대에 살았으며, 데카르트 철학의 영향을 받아 신의 개입이 필요 없는 세계관을 구축했다. 그는 세상의 모든 존재는 곧 신의 필연적 표현이라고 보았고, 그로부터 자연과 우주의 질서가 비롯된다고 여겼다. 그러나 신이 세상에 개입하는 일이 없다고 본 그의 견해는 당대 종교 관념에 어긋났고, 결국 그는 무신론자라는 비판을 피할 수 없었다.

한편 뉴턴이 발견한 만유인력의 법칙은 스피노자의 사상과 유사한 세계관을 제시했지만, 케플러 등 천문학자들이 남긴 막대한 양의 관측 데이터를 토대로 했기 때문에 훨씬 더 강력한 설득력을 가질 수 있었다. 신이 변덕을 부려 예외적인 현상을 일으킬지도 모른다는 걱정 없이 우주는 법칙대로 움직인다는 믿음이 점차 보편화되었다.

이러한 변화는 단순한 과학 이론의 발전에 그치지 않고, 인간이 세계를 이해하는 방식 전체를 뒤바꿔 놓았다. 중세에는 신이 세상을 지배하고 조종하며, 신의 뜻에 따라 자연의 질서가 바뀐다고 믿었다. 그러나 뉴턴 역학이 등장하면서 세계는 일정한 법칙에 따라 움직이며, 신이 일일이 개입하지 않아도 질서가 유지된다는 관점이 힘을 얻게 되었다.

물론 당시 유럽 사람 대부분은 기독 신앙을 유지했다. 그들은 신이 우주의 아름다운 법칙을 설계하고, 그것을 통해 자신의 의지를 표현했다고 믿었다. 그러나 예전처럼 신이 법칙을 마음대로 바꾸거나 초자연적인 사건을 일으킨다고 믿는 일은 점점 줄어들게 되었다.

결국 뉴턴의 만유인력 법칙은 '신이 나설 자리가 없는 우주관'을 탄생시켰다. 신이 우주를 창조했을지는 몰라도 한번 움직이기 시작한 이 세계는 더는 신이 간섭하지 않아도 알아서 흘러가게 되어 있다는 인식이 새로운 상식으로 자리 잡게 된 것이다. 신은 우주의 시작점에서만 개입했고, 그 이후는 자연법칙에 따라 모든 것이 진행된다는 이 세계관은 근대 과학과 철학, 나아가 인류의 사고방식 전반에 깊은 영향을 남기게 되었다.

> Chap 4. 근대의 철학과 사상

민주주의를 낳은 천재

루소 (1712년~1778년)

장 자크 루소Jean-Jacques Rousseau는 실로 기묘한 인물이다. 그는 『학문예술론』, 『인간 불평등 기원론』, 『사회계약론』, 『에밀』 등 여러 분야에 걸쳐 책을 집필했으며, 그 책들은 후대에 깊은 영향을 미쳤다. 철학, 정치, 교육 등 다양한 분야에서 획기적인 통찰을 남긴 인물은 루소 빼고는 좀처럼 찾기 어렵다. 그런데 그는 어떻게 그런 생각에 도달할 수 있었을까? 지금까지의 철학자나 사상가는 자신이 처한 시대와 사회적 조건을 바탕으로 사상을 전개했다. 하지만 루소는 어떠한 문맥도 잘 드러나지 않는데도 전혀 다른 사유를 끌어냈다. 정말이지 기묘하다. 그런 점에서 그는 시대의 산물이기보다는, 시대를 뛰어넘은 천재였는지도 모른다.

루소는 인간이 문명 이전에는 본래 소박하고 사랑스러운 존재였다고 보았다. 문명이 발달할수록 인간은 타락하고 불평등해졌으며, 그로 인해 전쟁이 끊이지 않게 되었다고 주장했다. 이러한 루소의 발상은 프랑스 철학자 몽테뉴에게서 힌트를 얻었을 가능성이 있다. 몽테뉴는 유럽 문명과는 무관한 삶을 사는 인디언이 오히려 서양인보다 더 순수하고 훌륭하다고 평가했다. 루소는 그런 생각에서 출발해 인간 본연의 순수성을 지키지 못한 현실을 비판하고 새로운 사회 체계를 제안했다.

그러나 이미 인류는 문명을 경험해 버린 상태였다. 다시 예전의 자연 상태로 돌아갈 수는 없었다. 그렇기에 루소는 '계약'을 통해 구성원을 통솔하고 공존할 수 있는 사회를 만들어야 한다고 주장했다. 바로 이 생각에서 『사회계약론』이 탄생했다. 이 책은 루소가 당대의 현실에 어떤 이론으로 응답했는지를 잘 보여 준다.

당시 유럽은 절대 왕정의 시대였다. 왕은 신의 대리자처럼 군림하며 전권을 행사했다. 그런 시대에 루소는 전혀 다른 구상을 내놓았다. 그는 국민 한 사람 한 사람의 의지를 모아 그것을 국가의 방침으로 삼는 체제를 상상했고, 그 체제는 오늘날의 민주주의로 이어졌다.

어떻게 그런 발상이 가능했을까? 그 뿌리는 고대 그리스에 있다. 고대 아테네는 민주적으로 운영되었고, 그 체제는 찬란한 문화와 번영을 끌어냈다. 또한 고대 로마도 상당 기간 공화제로 운영되었다.

루소는 『플루타르코스 영웅전Vitae Parallelae by Plutarch』 같은 고전을 통해 이런 역사를 익혔고, 고대 사회의 사례에서 민주적 이상을 도출해 냈다. 흥미로운 것은 같은 시대에 살던 사람 중에 이러한 발상을 한 인물이 없다는 점이다. 그런 점에서도 루소라는 존재가 기이하게 느껴진다.

루소의 『사회계약론』은 이후 프랑스 혁명에 결정적인 영향을 미쳤다. 프랑스 혁명은 왕정을 부정하고 시민의 의사를 중심으로 한 민주주의 국가를 세우고자 한 대담한 시도였는데, 『사회계약론』이 없었더라면 그러한 혁명의 형태는 사뭇 달라졌을 가능성이 크다. 더 나아가, 루소가 아니었더라면 오늘날 우리가 누리는 민주주의의 형태도 전혀 다르게 전개되었을지도 모른다. 그런 의미에서 루소는 '절대 왕정'이라는 낡은 상식을 깨뜨리고, '민주주의'라는 새로운 상식을 창조한 사상가였다.

배우는 힘을 살리는 교육

루소는 정치 철학에만 그치지 않고 교육학의 창시자로도 평가받는다. 그가 쓴 『에밀』은 가상의 아이를 기른다는 설정 아래 이상적인 교육법이 무엇인지를 철저하게 탐구한 저서이다. 지금 생각해도 놀라울 정도로 선구적인 발상이지만, 당시에는 더욱 파격적이었다.

당시 서유럽은 기독교의 영향을 크게 받아 인간은 죄를 짓고 태어나며 속죄하며 살아야 한다고 여겼다. 특히 아이는 죄의식이 없기 때문에 그 죄가 더 무겁다고 생각했고, 그래서 회초리로 때려서라도 죄를 깨닫게 해야 한다고 믿었다. 실제로 루소 이전 시대의 회화를 보면, 아이들이 '작은 어른'처럼 묘사되어 있고, 지금 우리가 떠올리는 귀엽고 천진한 모습은 찾아보기 어렵다.

이러한 분위기 속에서 루소는 '아이'를 새롭게 발견해 냈다. 그는 아이가 어른과는 완전히 다른 존재이며, 따라서 교육도 어른과는 다르게 이뤄져야 한다고 주장했다. 『에밀』은 회초리를 들며 엄하게 다스리는 것이 당연했던 기존 교육관을 완전히 뒤집은 획기적인 책이었다.

그런데 아이러니하게도 루소는 자신의 다섯 아이를 모두 고아원에 버렸다. 귀족으로 태어나 가정교사를 한 경험이 있다고는 하나 스스로는 육아를 포기한 그가 어떻게 교육학이라는 새로운 학문 영역을 창시할 수 있었는지 의문이 든다. 정말이지 기묘한 일이다.

이 지점에서도 몽테뉴가 하나의 단서가 될 수 있다. 몽테뉴는 『수상록』에서 부모가 자신을 억압하지 않고, 자연스럽고 즐겁게 배울 수 있도록 배려해 주었다고 회고했다. 이는 루소가 『에밀』에서 말한 교육 방식과 많은 부분에서 상통한다. 루소는 몽테뉴로부터 영감을 얻고 당대의 상식을 전복할 수 있었던 게 아닐까.

루소의 교육론은 후대에 큰 영향을 미쳤다. 이탈리아의 교육자 마리아 몬테소리Maria Montessori(1870년~1952년)는 아이들에게는 몰입의 시기가 있으며, 그 시기를 방해하지 않아야 큰 배움이 이루어진다고 보았다. 이는 『에밀』에서 강조된 교육 철학과 일맥상통한다.

또한 미국 철학자 존 듀이John Dewey(1859년~1952년)는 『에밀』의 사상을 집단 교육 체계에 접목했다. 그에 따르면 학교는 어른이 지식을 일방적으로 전달하는 공간이 아니라, 아이가 스스로 문제를 해결하고 성장할 수 있도록 도와주는 공간이어야 한다. 듀이의 교육 철학은 핀란드를 포함한 여러 국가의 교육 시스템에도 큰 영향을 미쳤으며, 오늘날 '액티브 러닝Active Learning'이라는 개념으로도 이어지고 있다. 루소가 일으킨 파장은 실로 전 세계적인 것이었다.

여기서 흥미로운 대조가 있다. 일본의 막부 말기와 메이지 초기, 즉 19세기 후반 무렵 일본 사회는 아이를 아끼고 회초리를 거의 사용하지 않는 육아 방식을 실천하고 있었다. 일본 근대 사학자 와타나베 쿄지渡辺京二(1930년~2022년)의 『사라져 버린 세상의 그림자逝きし世の

面影』는 당시 일본의 육아 방식에 대해 기록하고 있으며, 서양인들이 그러한 모습에 깊은 감명을 받았다는 사례를 다수 소개하고 있다. 당시 서양에서는 루소의 교육 이론이 겨우 주목받기 시작한 단계였고, 대다수는 여전히 아이는 엄하게 다스려야 성장한다고 믿었다. 그런데 일본에서는 자연스럽게 루소적 교육이 실천되고 있었던 것이다.

그러나 이후 일본은 엄격한 서양식 훈육법을 따랐고, 루소가 제안한 교육 철학에서 오히려 멀어지게 되었다. 특히 러일 전쟁(1904년~1905년)을 전후로 '아이는 때려서 가르쳐야 한다'는 생각이 일본 전역에 퍼졌고, 그 흔적은 아직도 남아 있다. 어쩌면 일본은 당시 자국의 육아 방식이 얼마나 이상적이었는지를 언어로 정리하거나 자각하지 못했기 때문에 스스로 그 전통을 버린 것일지도 모른다.

루소는 『사회계약론』으로 절대 군주제가 당연하다고 여겨지던 시대에 민주주의라는 새로운 상식을 제시했으며, 『에밀』을 통해 매질로 다스리는 교육에서 벗어나 아이 스스로 배우는 힘을 최대한 끌어내는 교육 철학을 구축했다. 이 두 가지 공헌만 보더라도 그가 이끈 변화는 실로 혁명적이라 할 만하다. 루소는 사상가에 머물지 않고, 상식의 틀을 근본부터 바꾼 진정한 돌연변이형 천재였다.

> Chap 4. 근대의 철학과 사상

이성 중심 철학적 세계관을 정립한 사람들

칸트(1724년~1804년), **헤겔**(1770년~1831년)

데카르트의 철학은 서유럽 사람들의 사고방식에 큰 변화를 일으킨 것으로 보인다. 앞서 이야기한 것처럼 그전까지는 교회의 수도승이 하는 말을 그대로 따르는 것이 일반적이었다. 그러나 데카르트는 모든 것을 의심해 보고, 자신의 이성적 판단에 따라 사고를 새롭게 재구성하기를 제안했다. 그 이후로 점차 '이성적으로' 살아가려는 사람들이 늘어나게 되었다.

그런데 한편으로는 인간의 이성을 어디까지 믿을 수 있을 것인가 하는 의문이 꼬리표처럼 따라붙었다. 인간은 실수를 반복하는 존재임이 분명하다. 존 로크(John Locke, 1632년~1704년)나 데이비드 흄(David Hume, 1711년~1776년) 같은 영국의 사상가들은 인간이 경험에 크게 좌우된다고 생각했다. 데카르트 이후로 신에게 의지하지 않고 이성의 힘만으로 살아가고자 하는 사람들이 늘어나긴 했지만, 정작 그 이성이 어디까지 신뢰할 수 있는 것인지 분명하지 않았다.

그러던 중 임마누엘 칸트^{Immanuel Kant}와 게오르크 빌헬름 프리드리히 헤겔^{Georg Wilhelm Friedrich Hegel}은 이성의 힘과 그 한계에 대해 깊이 있게 탐구하고자 했다. '인간은 어떻게 세계를 인식하며, 어떤 방식으로 오류를 범하기 쉬운가?' 그들은 그런 문제들을 철저하게 분석했다.

칸트와 헤겔이 이성의 한계를 명확히 밝힘으로써 오히려 이성에 대한 신뢰를 더욱 공고히 했다고 볼 수 있다. 근현대에 들어서는 '이성적이다', '이지적이다'라는 말이 최고의 칭찬으로 여겨지게 되었으니 말이다. 아마도 그 이면에는 칸트와 헤겔의 영향이 적지 않았을 것이다. 이성의 한계를 인정하면서도 그 한계 안에서 이성을 철저히 활용하려는 자세, 그것이 근현대적 인간의 롤 모델이 되었다.

칸트와 헤겔의 사유 방식은 실로 치밀하다. 칸트는 젊은 시절 천문학을 연구했던 경험이 있어서인지 철학을 뉴턴의 역학처럼 엄밀한 체계로 만들고자 했던 것일지도 모른다. 뉴턴의 역학이 천체의 운동을 하나도 빠짐없이 설명하는 이론이라면, 칸트는 인간 정신세계의 법칙을 그처럼 분명히 밝히고 싶어 했을 것이다.

칸트와 헤겔은 데카르트 이후 '이성적으로 살아가야 한다'라는 사상을 따르려는 사람들을 위해 그 기반이 되는 철학을 체계적으로 정립했다. 말하자면 이성을 절대적 판단 기준으로 삼고, 그에 따라 인간과 세계를 설명하려는 철학적 체계를 만들어 낸 인물들이라고 할 수 있다. 상식을 파괴했다기보다는, 데카르트가 제안한 새로운 상식을 정밀하게 다듬고 완성한 이들이라고 보는 것이 더 바람직하다.

칸트는 매우 철저한 사람이었다. 매일 정해진 시간에 똑같은 코스로 산책했기 때문에 이웃들에게는 마치 시계처럼 여겨졌다고 전해진다. 이런 일화를 들으면, 칸트를 가리켜 '이성 그 자체'라고 부르고 싶어진다.

그러나 인간은 이성적이고 객관적인 태도만으로는 살아갈 수 없다. 그 문제는 머지않아 점점 더 뚜렷하게 드러난다.

| Chap 4. 근대의 철학과 사상 |

관찰과 실험,
경험을 중시하다
영국의 철학과 사상

칸트나 헤겔처럼 '대륙'에 사는 사람들 가운데는 아무래도 이론을 중시하는 이가 많았다. 이들은 사변적이고 관념론적인 경향을 보였는데, 이에 비해 섬나라 영국에 사는 사상가들 중에는 단순히 이치를 따지는 것을 경계하거나 꺼리는 사람이 많았다고 한다.

'직접 해 보지 않으면 모른다, 관찰해 보지 않으면 알 수 없다, 실험해 보지 않으면 판단할 수 없다, 인간이 생각하는 것이야 다 거기서 거기다.' 이러한 사고방식이 영국의 문화적 전통 속에 자리 잡고 있었다고 한다.

아직 르네상스조차 시작되지 않았던 중세에 로저 베이컨 Roger Bacon (1214년~1294년)이라는 인물이 등장한다. 그는 관찰과 실험을 중시했으며, 후대에는 근대 과학의 선구자로 불리기도 했다.

또 다른 베이컨, 이름만 들어도 왠지 맛있게 들리는 프랜시스 베이컨$^{Francis\ Bacon}$(1561년~1626년)은 데카르트와 동시대를 살았던 사상가로, 역시 관찰과 실험을 철저히 중시했다. 이론 위에 또 다른 이론을 쌓기보다는 우선 실험을 해 보자는 입장이었다. 이것이 바로 영국 경험론$^{British\ Empiricism}$이며, 데카르트를 필두로 한 대륙 합리론$^{Continental\ Rationalism}$과는 분명히 다른 접근법이었다(그림 6).

관찰과 실험을 중시하는 이러한 영국의 철학적 태도는 머지않아 증기 기관 등 다양한 기술의 발명으로 이어지면서 산업혁명을 일으키는 원동력이 되었는지도 모르겠다.

그림 6 영국 경험론과 대륙 합리론이 나타난 지역

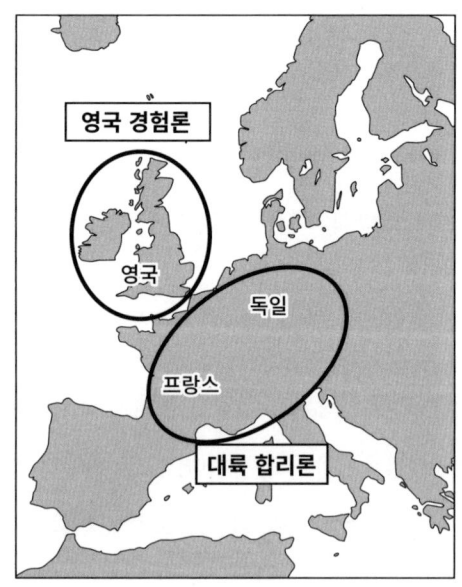

Chap 4. 근대의 철학과 사상

경제학의 탄생
애덤 스미스 (1723년~1790년)

애덤 스미스^{Adam Smith}는 '경제학의 아버지'라 불린다. 스미스 이후의 경제학자 중에 스미스의 영향을 받지 않은 사람이 과연 있을까.

애덤 스미스의 『국부론』을 읽다 보면 그가 직접 현장을 누비며 꼼꼼히 조사한 흔적이 느껴진다. 방송이나 신문, 인터넷도 없던 시절에 어떻게 이렇게 많은 사례를 모아서 분석했는지 입이 다물어지지 않는다.

경제학 공부를 조금이라도 해 봤던 사람에게 묻는다면 '애덤 스미스는 '신의 손(보이지 않는 손)' 아니야?'라는 대답이 돌아올지도 모른다. 스미스는 정부가 지나치게 개입하기보다는 시장에 맡기는 것이 더 바람직하다고 주장했다. 그것을 조정하는 기능을 '보이지 않는 손'이라고 불렀던 것이다.

스미스는 정부가 상업에 지나치게 개입하던 중상주의 시대를 살았다. 나라는 규율을 만들 수 있다는 입장을 악용하여 곧장 규제를 가하기도 했는데, 이는 오히려 혼란을 가중시켰다. 스미스는 정부의 과도한 참견을 막기 위해 '보이지 않는 손'에 맡기는 게 좋겠다고 제안한 듯하다.

스미스의 생각은 육아에 가깝게 느껴진다. 아이에게 이래라저래라 잔소리하거나 심하게 꾸짖으면 오히려 반발심을 일으켜 삐걱거리게 된다. 위험한 일이나 남에게 상처 주는 일은 엄하게 질책하되, 그 외에는 되도록 스스로 생각하게 만드는 것이 육아에서는 중요하다. 스미스의 '보이지 않는 손'은 그와 비슷하게 정부의 과도한 참견을 제지하고 이를 경고하는 수단이었을 것이다.

그러나 참견을 막기 위해 아이와 전혀 얽히지 않겠다며 무시하면, 아이는 정신적으로 성장할 수 없다. 이는 경제에서도 마찬가지다. 스미스는 그 당시 정부의 과도한 참견을 경고하고자 했던 것이지, 시장을 무법지대로 방치하자고 주장한 것은 아니었다.

하지만 이후에 나타난 자유주의(제2차 세계대전 이전)와 신자유주의(제2차 세계대전 이후, 영국의 마거릿 대처 총리나 미국의 로널드 레이건 대통령이 추진)라 불리는 경제학파는 '정부는 참견하면 안 된다.'라는 스미스의 지적을 확대해 해석했다. 정부의 개입을 과도하게 막은 결과, 결국 빈부 격차가 심화되었다. 부자에게 유리하도록 정책을 유도했는데, 그것을 규제하는 것조차 금지하고 말았기 때문이다.

그런데 신자유주의 사람들이 진정으로 싫어했던 것이 공산주의였고, 그 공산주의를 주장한 사람은 카를 마르크스$^{Karl\ Marx}$다. 그렇다면 필시 마르크스는 스미스를 마구 비판했으리라 생각할 수도 있겠지만, 마르크스는 실제로 『자본론』이라는 책에서 스미스의 책을 자주 인용했다. 그것도 경의를 담아서 말이다.

공산주의를 낳은 마르크스 경제학 입장에서도 스미스의 경제학은 중요한 기반이 되었다. 신자유주의에서 공산주의까지 다양한 경제학을 낳도록 큰 기반을 만들어 낸 사람, 그게 바로 스미스다. 그럼 스미스는 실제로 정부의 규제를 어느 정도까지 반대했을까?

산업혁명에 따른 빈부 격차

중국의 고전 『노자』에 "큰 나라를 다스리는 것은 작은 생선을 굽듯 해야 하는 법이다(치대국治大國, 약팽소선若烹小鮮)."라는 말이 나온다. 작은 생선을 구울 때 자꾸만 뒤집으면 살점이 흐트러지기 때문에 많이 건

드리지 않는 것이 중요하듯이, 큰 나라를 다스릴 때도 사사건건 간섭을 하지 않고 가만히 지켜보는 자세가 중요하다는 가르침이다.

스미스가 하고 싶었던 말도 바로 이런 것이 아니었을까. 당시에 중상주의였던 서유럽 나라들은 시장에 지나치게 참견하고 규제해서 일을 복잡하게 만들었다. 스미스는 다양한 사례를 들며 지나치게 간섭하거나 흔들지 말고 '작은 생선을 굽듯' 조심스럽게 지켜보아야 한다고 강조했다.

그렇다고 해서 완전한 자유와 방치를 권장한 것은 아니다. 작은 생선이 알아서 냄비 안으로 들어가는 것도 아니거니와, 불 조절을 누가 대신해 주는 것도 아니다. 작은 생선을 자꾸 건드리면 안 되긴 하지만, 조리를 위한 수고를 아껴서는 안 된다. 그런 의미에서 스미스는 적절한 규제를 완전히 부정한 것은 아니다.

영국은 그 당시 많은 식민지를 보유하고 있었고, 국가 전체가 직접 상업 활동에 관여하는 것과 다름없는 상황이었다. 그래서 그런지 사소한 일에도 개입하게 되는 일이 잦았다. 하지만 시간이 지날수록 정부의 개입을 최소화해야 더 잘된다는 사례가 많다는 사실을 깨달은 영국 정부는 점차 중상주의를 벗어나 시장에 직접 맡기는 방식으로 바꾸게 되었다.

그러나 산업혁명(18세기 중반 이후)이 시작되자 심각한 상황이 발생했다. 빈부 격차가 확대된 것이다. 증기 기관이 발명되면서 석탄을 태워 물을 끓이고, 그 증기가 팽창하거나 수축하는 힘으로 기계를 움직일 수 있게 되었다. 이렇게 기계로 실을 뽑거나 천을 짤 수 있게 되니 직물 제품의 대량 생산이 가능해졌다.

이로 인해 그동안 손으로 실을 뽑고 천을 짜던 노동자들은 가격 경쟁에서 도저히 버틸 수 없어 일자리를 잃게 되었다. 설상가상으로 방적 공장에서는 낮은 임금으로만 노동자를 고용했다. 직물을 직접 만들었던 시절에는 끼니를 거를 일이 없었는데, 기계로 대량 생산을 하니 재고가 대량으로 남아돌아 가격은 내려가고, 수공업자들은 가게 문을 닫았으며, 공장에 들어가 일을 하려 해도 돈 몇 푼 벌지 못하니 결국 빈곤에 허덕이게 되었다. 반면 공장 경영자나 자본가는 돈방석에 앉게 되었다. 그 구조에 화가 난 노동자들은 기계를 파괴하고 항의하는 '러다이트 운동Luddite Movement(1811년~1817년)'을 일으켰다.

영국 정부는 기계를 부순 자를 사형에 처한다는 법률을 만들고 실제로 사형을 집행하기도 했다. 그럼에도 소동을 진압하기는 힘들었다.

공장을 경영하는 부자(자본가)들은 스미스가 말하던 '보이지 않는 손'을 써서 이론으로 무장을 했고, 정부가 규제를 최소화해야 경제가 활성화된다는 자유주의 사고법을 고수하여 빈부 격차를 방치하기 일

쏘였다. 이렇게 산업혁명 때문에 생긴 빈부 격차는 스미스가 세상을 떠난 이후 더욱 확대되기 시작했다.

만약 스미스가 살아 있는 동안에 그런 모습을 봤다면, 과연 빈부 격차를 방치하는 자유주의 사고법에 찬성했을까? 어쨌든 스미스는 『도덕 감정론』을 집필할 만큼의 인물이었고, 부조리를 보고도 모른 척 지나치는 성격은 아니었다. 스미스가 '보이지 않는 손'을 이야기한 이유는 정부의 참견을 규제하기 위함이지, 빈부 격차를 방치하라는 말은 아니었을 것이다.

'정부는 괜한 참견을 하지 않는 게 좋다.'라는 당시 스미스의 제안은 확실히 참신했다. 하지만 안타깝게 그가 쓴 책에 딱 한 번밖에 등장하지 않는 그 말이 자유주의나 신자유주의를 낳았고, 빈부 격차를 정당화하거나 외면하는 사고방식으로 이어지게 되었다. 그리고 그것을 비판하는 형태로 후에 마르크스주의가 생겼다. 스미스의 경제학은 이 모든 경제학의 '모태'가 되었다.

Chap 5. 산업혁명 이후의 철학과 사상

> Chap 5. 산업혁명 이후의 철학과 사상

약육강식주의의 만연
다윈 (1809년~1882년)

찰스 다윈Charles Darwin은 진화론을 제창한 인물로 널리 알려져 있다. '인간이 원숭이에서 진화했다'라는 주장은 이제는 상식처럼 받아들여지고 있다. 그러나 다윈이 진화론을 제시하기 전까지 이런 생각은 결코 상식이 아니었다.

다윈이 태어날 무렵에는 기독교의 영향력이 약화되고 있었지만, 여전히 많은 사람이 기독교를 신앙했다. 게다가 성서에는 신이 모든 생물을 창조했다고 기록되어 있다. 예로부터 인간은 인간이고, 개는 개, 고양이는 고양이, 코끼리는 코끼리였다. 다시 말해 신이 세상을 창조한 순간부터 모든 생물은 지금과 같은 모습으로 존재해 왔다고 여겨졌다.

하지만 다윈의 진화론은 이런 기존의 상식을 뒤엎어 버렸다. 그는 생물들이 오랜 세월에 걸쳐 환경에 적응하며 모습을 바꾸어 왔다고 주장했다. 즉, 생물은 고정된 존재가 아니라 끊임없이 진화해 왔다는 것이다.

다윈이 살았던 시대는 프리드리히 니체가 "신은 죽었다."라고 말한 시기와 겹친다. 또한 영국이 전 세계 곳곳에 식민지를 확장하고, 백인이 인류 중 가장 우수한 종족이라는 믿음이 퍼져가던 시기이기도 하다. 거기에 더해 산업혁명으로 사회 전체가 급변하고 있던 혼란의 시기였다.

이런 시대적 배경 속에서, 다윈의 진화론은 강한 반발을 받는 동시에 시대 흐름에 맞는 이론으로 왜곡되거나 재해석되며 받아들여졌다. 그 대표적인 변형이 바로 '약육강식弱肉強食'이다.

다윈 본인은 약육강식을 말한 적이 없다. 그는 단지 환경 변화에 잘 적응한 생물만이 살아남고, 그렇지 못한 것은 도태되어 멸망한다는 '적자생존適者生存'을 강조했을 뿐이다. 하지만 당대 사회에서는 그의 이론을 "강자가 약자를 잡아먹고 살아남는 것이 자연의 법칙"이라는 식으로 받아들이는 사람들이 속출했다.

자연계가 약육강식이라면, 인간 사회도 마찬가지 아니겠는가? 그런 생각 끝에 '부자인 강자가 가난한 약자를 착취하는 것도 자연스러운 일'이라는 논리가 생겨난 것이다.

　이러한 해석은 빈곤층을 구조적으로 정당화하고, 기득권층의 위치를 보호하는 데 활용되었다.
　당시 영국은 산업혁명으로 인해 사회 구조가 급격히 바뀌고 있었다. 수작업으로 천을 짜던 장인들은 일자리를 잃었고, 공장 노동자로 전락했다. 낮은 임금에 시달리며 하루 12시간씩 일하는 것은 기본이었고, 어린아이들마저 공장에 끌려 나와 노동에 시달렸다. 그 결과, 젊은 나이에 과로로 생을 마감하는 사람이 속출했다.
　반면, 공장을 소유한 자본가들은 막대한 부를 축적했다.

　빈부 격차는 점점 더 벌어졌고, 원래라면 기독교적 윤리에 따라 사회적 약자를 보호해야 할 상황이었지만 왜곡된 진화론 해석, 즉 약육강식 논리가 그 역할을 대신했다. 자본가들은 노동자 착취조차 '자연의 섭리'로 포장하며 정당화했다.
　다윈은 약육강식이 아니라 적자생존을 말하고자 했다. 하지만 다윈의 진의가 무엇이었든, 당대 영국 사회는 그 이론을 자신들의 사회적 불평등을 정당화하는 도구로 이용했다. '강자가 약자를 이겨야 살아남는 세상'이라는 식의 해석은 오히려 진화론의 본래 취지를 왜곡한 것이다.

이러한 흐름은 21세기 일본에서도 되풀이된다. 2000년대 들어 일본에 신자유주의 바람이 불면서 한 경제학자는 "여러분에게는 가난해질 자유가 있다."라는 발언까지 하기에 이른다. 빈부 격차가 커지는 현실을 자연스러운 현상으로 받아들이자는 식의 주장이다. 마치 19세기 영국에서 약육강식을 들먹이며 자본주의의 폐해를 감췄던 것처럼 말이다.

다윈이 살아 있었다면, 이런 해석을 들으며 아마 이렇게 말하지 않았을까.

"그 말이 아니었는데!"

> Chap 5. 산업혁명 이후의 철학과 사상

노동자들도
행복하게 살기 위해

로버트 오언 (1771년~1858년)

　산업혁명 시대의 영국에서 공장 노동자로 산다는 것은, 말하자면 조기 사망을 각오해야 하는 일이었다. 가혹한 장시간 노동은 건강을 해쳤고, 생계를 간신히 유지할 수 있을 만큼의 낮은 임금은 그들의 삶에 만족을 가져다주지 못했다.

　로버트 오언Robert Owen은 이러한 현실을 바꾸고자 했다. 그는 9세 미만 어린이의 노동을 금지하는 '공장법' 제정을 시도했다. 다시 말해, 그전까지는 9세도 되지 않은 아이들조차 공장에서 당연히 일하는 시대였다.

　당시 영국 사회는 '약육강식'의 사고방식이 만연했다. 어떻게 하면 노동자를 가능한 한 헐값에 부리고, 자본가나 경영자가 더 많은 이익을 챙길 수 있을까에만 혈안이 되어 있었다. 이들은 강자의 입장에서 약자를 착취하는 것을 '자연의 법칙'으로 정당화하며, 스스로를 나쁘다고 생각하지도 않았다. 그게 그 시절의 '상식'이었다.

이러한 시대 분위기 속에서, 로버트 오언은 전혀 다른 길을 걸었다. 그는 노동 시간을 단축하고, 가능한 한 높은 임금을 지급했으며, 생필품을 저렴하게 공급하는 등 노동자들의 삶의 질을 높이기 위한 경영 방식을 선택했다. 이러한 운영은 훗날 생활 협동조합의 기원이 되기도 했다.

당시 다른 자본가들은 오언에게 이렇게 충고했다.
"노동자는 잘해 주면 기어오른다. 너는 반드시 실패할 것이다."
하지만 그 예언은 빗나갔다. 오언의 공장은 세계에서 가장 가는 고급 실을 생산하는 데 성공했고, 경영적으로도 큰 성공을 거두었다.

오언이 공장법을 성립시킬 수 있었던 배경에는 바로 이 성공이 있었다. 오언의 경영 방식은 노동자를 착취해야만 자본주의가 성장한다는 당시 자유주의 시대의 통념에 대한 강력한 반증이었다.
그는 노동자의 생존권과 행복을 보장하는 것이 기업의 성장과 결코 모순되지 않는다는 사실을 실제로 증명해 보인 것이다. 빈부 격차를 줄이고, 모든 노동자가 풍요롭게 살 수 있는 사회는 가능하지 않을까? 오언의 시도는 당시 사회에 큰 충격을 주었고, 후세에까지 깊은 희망을 심어 주는 사례로 남게 되었다.

> Chap 5. 산업혁명 이후의 철학과 사상

백성이 왕이 되는 세계관

마르크스 (1818년~1883년)

다소 뜬금없지만, 유대인이라는 집단은 여러 방면에서 참으로 흥미롭다. 생각해 보면 유대교는 기독교와 이슬람교, 두 세계 종교의 모태라고 할 수 있다.

기독교의 시조로 여겨지는 예수 그리스도 역시 유대인이었고, '이 세상과 우주의 모든 것이 곧 신이다.'라는 범신론적 세계관을 펼친 스피노자도 유대계였다.

노동자가 나라를 다스린다는 파격적인 사상을 주장한 카를 마르크스Karl Marx도 유대계였으며, 상대성 이론을 제시한 아인슈타인 또한 유대인이었다. 유대인들은 우주관이나 세계관을 스스로 '업데이트'하며 사고의 즐거움을 누리는 데 재능이 있던 걸까?

아무튼 마르크스라는 인물은 그 당시의 사회 구조와는 완전히 다른 사회를 상상했다. 왕이나 귀족, 부유층과 같이 사회적 강자가 지배하는 체제가 아닌 사회적 약자인 노동자가 나라를 다스리는 정반대의 모습을 그렸다.

마르크스는 공산주의라는 새로운 사고방식을 고안해 냈고, 이는 이후 소비에트 연방 등 공산주의 국가들이 생겨나는 계기가 되었다. 이 사실을 알고 『자본론』을 읽는다면 기이한 느낌이 들 수 있다.
'공산주의에 대한 이야기겠지?'
'자본주의를 비판하는 책이겠지?'
이렇게 기대하고 읽다 보면, 실제 내용은 의외로 자본의 흐름과 그 영향력에 대한 철저한 분석으로 가득 차 있다는 것을 알게 된다. 오히려 자본주의에 대한 정밀한 연구서에 더 가깝다고 볼 수 있다.

물론 『자본론』 자체에는 공산주의 실현에 대한 구체적 비전이 많이 담겨 있지는 않지만, 마르크스는 자본주의가 끝까지 발전하게 되면 프롤레타리아트 노동자가 지배자로 올라서 공산주의 사회로 진화할 것으로 보았다.
그런데 실제로는 자본주의가 충분히 발달하지 않은 러시아에서 공산주의 혁명이 먼저 일어났다. 핍박을 받았던 사람들이 나라를 이끌어 갈 수도 있다는 점에서 많은 사람이 울림을 받았기 때문일 것이다.

그 여파로 동유럽과 아시아 국가들이 잇따라 공산화되었다.

지금의 젊은 세대가 상상하기 어렵겠지만, 공산주의 사상이 세계적으로 크게 유행하던 시대가 있었다. 그 영향력이 얼마나 컸는지, 제2차 세계대전 이후에는 이대로 가다간 모든 나라가 도미노처럼 공산화될 것이라는 '도미노 이론'까지 생겨났을 정도다.

공산주의가 그렇게까지 열광적인 지지를 받았던 이유는 그만큼 많은 사람이 빈곤과 억압 속에서 살고 있었기 때문일 것이다.

자유와 민주주의의 상징처럼 여겨졌던 미국조차 제2차 세계대전 이전에는 극심한 빈부 격차로 인해 공산주의자들의 주장에 밀려 곤란을 겪기도 했다.

공산주의가 확산되자 당시의 부유층은 극심한 공포에 시달렸다. 소비에트 연방에서는 실제로 많은 부유층이 전 재산을 몰수당하거나 심지어 목숨을 잃는 일도 있었다.

만약 자신이 사는 나라에서도 공산주의 혁명이 일어나면 재산을 모두 빼앗기고 심한 경우 생명까지 위협받을 수 있다는 불안감은 매우 현실적인 공포였다.

그래서 어떻게든 공산주의 확산을 막는 일이 서구 사회와 일본 같은 자본주의 국가들의 핵심 정책 과제가 되었다.

> Chap 5. 산업혁명 이후의 철학과 사상

신을 대신할
초인의 제안

니체 (1844년~1900년)

프리드리히 니체Friedrich Nietzsche가 "신은 죽었다."라고 말했지만, 나는 신을 죽인 것은 사실 데카르트라고 생각한다. 데카르트는 『방법서설』 등에서 신의 존재를 증명하려 애썼지만, 내게는 그것이 일종의 '변명'처럼 느껴진다.

출판 전에 갈릴레오가 종교 재판을 받은 것을 보며, '신을 믿는다고 말해 두지 않으면 위험하겠군.' 하고 판단한 것은 아닐까 하는 추측을 하게 된다.

나와 같은 의심을 하는 사람이 많았는지, 데카르트의 영향을 깊이 받은 스피노자는 온 우주와 세상의 모든 것을 신 그 자체로 보는 범신론을 주장했다. 그러나 이는 곧 '신은 없고, 세계만 존재할 뿐'이라고도 해석할 수 있다. 실제로 당시 사람들은 스피노자를 무신론자라고 비난했지만, 그렇게 받아들여졌다고 해도 어쩔 수 없는 면이 있었는지도 모르겠다.

디드로 역시 데카르트의 영향을 받아 무신론자 취급을 받았다. 그가 살던 시대에는 교회의 권위가 약해졌기 때문에 무신론자라 비난받아도 처형당하는 일은 없어졌다.

이렇듯 데카르트가 출발시킨 합리주의는 결국 '신의 죽음'을 야기했다고 볼 수 있다.

니체의 시대에 이르렀을 때 기독교의 영향력은 더욱 약화되었다. 그래서 니체가 "신은 죽었다."라고 단호하게 선언할 수 있었던 것 아닐까.

하지만 기독교의 신은 오랫동안 서유럽 사람들 마음에 버팀목이 되었고, 삶의 방향을 제시해 주는 지침이기도 했다. 그 신을 잃은 사람들은 이제 무엇을 기준으로 살아가야 할까?

니체는 신 없는 시대에도 흔들리지 않고 당당히 살아가는 인간을 '초인超人'이라 불렀다. 신의 자리를 대신할 수 있는 인간의 새로운 롤 모델을 제시한 것이다. 그러나 이 초인이라는 개념은 이후 히틀러나 스탈린처럼 강한 카리스마를 지닌 리더를 낳는 데 영향을 준 것으로 보인다.

데카르트로부터 시작된 합리주의 이후, 사회는 마치 신을 떨쳐 내려는 듯 급격한 변화를 겪었다. 산업혁명과 함께 이러한 변화는 더욱 가속화되었고, 기독교는 이처럼 변화무쌍한 시대에 적절한 지침을 제시하지 못하게 되었다.

그 결과, 불안한 시대 속에서 사람들은 '강력한 리더'를 갈망하게 되었다. 그런 리더가 마치 초인처럼 등장해 "우리가 나아가야 할 길은 이것이다!"라고 외치면, 대중은 안도하며 따르게 된다. 초인적 리더는 결국 신을 대체한 존재가 되었다. 히틀러나 스탈린 같은 인물이 등장한 것은 기독교가 상실된 시대적 배경과 니체가 제시한 초인의 개념이 맞물린 결과였을 것이다.

그런데 데카르트에서 칸트, 헤겔, 니체에 이르기까지의 사상가들의 저술을 읽다 보면 자꾸 마음에 걸리는 점이 있다. 그들의 철학이 유난히 '고독하다'는 것이다.

데카르트는 오직 혼자 힘으로 바른 사유를 재구축하려 했다. 칸트와 헤겔도 더욱 정밀하게 이성을 검토했지만, 그들 역시 혼자서 해내려는 고독한 자세를 지니고 있었다. 니체 역시 스스로 초인이 되기 위해 고독하게 싸웠다. 다들 고독하다.

그러나 나는 그런 고독이 꼭 필요하다고 느끼지 않는다.

레너드 리드 Leonard Read(1898년~1983년)라는 경제학자는, 이 세상에 연필 하나를 혼자 힘으로 만들 수 있는 사람은 없다고 지적했다. 연필심에 들어가는 흑연을 어떤 재료, 어떤 방식으로 가공해야 할까. 목재는 어떤 나무를 언제 베고, 얼마나 건조해야 할까. 이렇게 각각 전문 업자가 아니면 알 수 없는 것투성이다.

우리 사회는 분업으로 이루어져 있다. 각자 맡은 지식과 기술을 모아 협력했을 때 연필 하나가 탄생하는 것이다.

이처럼 단순한 연필조차도 혼자 만들 수 없는데, 하물며 반도체나 리튬이온전지 같은 첨단 기술 제품은 말할 것도 없다. 인류의 지혜는 수많은 사람이 서로 얽히고 도우며 형성된다.

그런데도 데카르트에서 니체에 이르기까지의 철학자들은 마치 혼자 힘으로 인류의 길을 제시하려는 태도를 고집했다. 지식을 서로 나누고 보완하자는 사고는 거의 보이지 않는다. 그런 면에서 이들은 소크라테스의 제자라고 부르기 어렵다.

소크라테스는 "평범한 사람들끼리 서로 묻고 대화하면서 지식을 형성하라."라고 말하지 않았던가.

니체의 초인 사상은 흥미롭긴 하지만, 결국 데카르트 이후부터 자신만이 탁월하고 우수한 인간이라 믿고 싶은 바람이 쭉 이어진 연장선으로 보인다. 혼자서 아무리 용을 써 봤자 대단한 일을 할 수 있는 것도 아닌데 말이다.

그럼에도 니체의 사상에는 또 하나 중요한 개념이 있다. 바로 '영원 회귀永遠回歸'다. 그는 세상이 끝없이 반복된다고 보았다. 재미없고 지루한 일이 끝없이 반복되는 현실을 '영원 회귀'라는 말로 표현했다.

이 사고는 뉴턴의 역학적 세계관에서 비롯된 것처럼 보인다. 뉴턴이 만유인력의 법칙을 발견한 이후, 사람들은 우주의 모든 물체가 일정한 법칙에 따라 움직인다고 믿었고, 100년 후나 만 년 후에도 그 법칙은 여전히 유효할 것이라 여겼다. 그야말로 '영원 회귀'와도 같은 세계관이다.

법칙에 지배되어 먼 미래까지 이미 확정되어 있다고 생각하면, 왠지 내가 살아가는 의미가 무색해지고 만다. 나의 의지로 정한 것이 아니라 단지 화학 반응의 산물이라면, 의지에 무슨 의미가 있을까? 이런 사고는 우리를 절망으로 이끈다.

니체는 이러한 시대적 정서를 간파했고 그것을 '영원 회귀'라는 이름으로 언어화했다. 그는 말한다.

"이 삶을 다시, 똑같이 반복해서 살아야 한다면 너는 그것을 긍정할 수 있는가?"

하지만 그는 거기서 멈추지 않았다. 오히려 그러한 세계를 온몸으로 긍정하고, 몇 번이고 다시 살아가겠다고 선언하라고 요구한다. 그것은 절망을 껴안는 강력한 역설적 긍정이다.

이 대목에서 나는 『장자』의 한 일화가 떠올랐다. 한 못생긴 남자가 잠을 자다가 세상의 온갖 흉한 생물로 다시 태어나 끊임없는 고통을 겪는 꿈을 꾼다. 잠에서 깬 그는 친구에게 그 꿈 이야기를 들려준다. 친구가 묻는다.

"그래서 그 꿈을 꾸고 무슨 생각이 들었어?"

남자는 말한다.

"그래도 꽤 즐거웠어."

장자의 이 일화는 삶의 고통조차 자연의 일부로 받아들이는 동양적 긍정을 보여 준다. 그것은 니체의 영원 회귀가 요구하는 서양적 긍정과 철학적으로 깊이 맞닿아 있다. 괴롭고 고통스러울수록 오히려 웃으며 그것을 받아들이는 태도. 우리는 그 당당한 기개에 감동을 느낀다.

> Chap 5. 산업혁명 이후의 철학과 사상

이성이라는 작은 배,
그 아래 존재하는 무의식

프로이트 (1856년~1939년), **융** (1875년~1961년)

데카르트, 칸트, 헤겔 등은 인간은 이성적인 존재이며, 이성적으로 생각하고 행동할 때 비로소 품위 있고 바람직하게 살아갈 수 있다는 생각을 널리 퍼뜨렸다.

이들은 이성과 합리성을 중심으로 한 새로운 세계관을 만들었고, 당시 사람들은 그런 사고방식을 마치 새로운 믿음처럼 받아들였다. 말하자면 '이성 중심의 삶'이 인간다움의 기준처럼 여겨졌던 것이다.

하지만 이성이 최고의 기준이라는 생각이 점점 퍼지던 가운데, 도저히 이성적으로 행동할 수 없는 사람들이 눈에 띄기 시작했다. 바로 정신적인 고통을 겪는 이들이었다. 이성적인 존재라면 당연히 이성적으로 행동해야 한다는 기대 속에서, 그런 기대를 충족하지 못하는 이들의 존재는 점점 더 커다란 질문을 던지게 되었다.

인간은 왜 이성적으로 사는 데 한계가 있을까?

이 질문에 대해 깊이 파고들며 새로운 해석을 제시한 사람이 바로 지그문트 프로이트Sigmund Freud였다. 프로이트는 인간의 '의식' 아래에 '무의식'이라는 커다란 세계가 존재한다고 보았다.

겉으로는 이성적으로 생각하고 말하는 것 같지만, 실제로는 말하지 못하고 억눌린 감정과 욕망이 무의식 속에 쌓여 있으며, 이 무의식이 때때로 의식을 압도할 때 마음의 병이 생긴다는 것이다. <u>인간은 단순히 이성으로 움직이는 존재가 아니라 무의식이라는 깊고 복잡한 내면에 지배받기도 하는 존재라는 통찰이었다.</u>

다만 프로이트는 집요한 구석이 있었다. 그는 거의 모든 문제를 성性과 연결하려는 경향이 있었는데, 당시 사회가 기독교적인 억압을 강하게 작동시키던 분위기였던 점을 생각하면 그런 반작용도 있었던 것으로 보인다. 그의 제자였던 카를 융Carl Gustav Jung은 그런 점에 반발하여 결국 스승과 멀리했을 정도다. 그럼에도 불구하고 '무의식'이라는 개념을 언어화하고 세상에 알린 공로는 크다.

데카르트, 칸트, 헤겔이 신을 대신할 기준으로 이성을 강조하며 사람들에게 이성 중심적인 삶을 권했다면, 프로이트와 융은 오히려 인간 이성의 한계를 인정하고, 그 이면에 자리한 무의식의 영향력을 조명했다.

이성은 바다 위에 떠 있는 작은 배에 불과하며, 그 아래에 있는 무의식이라는 거대한 심해가 요동치면 배는 금세 방향을 잃고 흔들린다는 것을 보여 준 셈이다.

이처럼 프로이트와 융이 개척한 심리학, 특히 정신분석학은 인간이 오직 이성의 힘으로 자신과 사회를 통제할 수 있다는 낙관적인 믿음에 균열을 내는 역할을 했다. 사람의 마음은 이성만으로는 설명되지 않는다.

우리는 사실상 마음을 지배하는 무의식을 보살피지 않고서는 우리의 마음을 평온하게 지킬 수 없다. 심리학은 이러한 인식을 세상에 확산시키는 데 크게 공헌했다고 할 수 있다.

Chap 6. 현대의 철학과 사상

> Chap 6. 현대의 철학과 사상

합리주의에 대한 의심
나치즘의 등장

제2차 세계대전이 일어나기 전에 이탈리아에서는 파시스트당이, 독일에서는 나치스가 등장했다. 나치즘과 관련된 구체적인 역사적 사실이나 사건은 이미 많은 책에서 충분히 다루어졌으므로, 해당 자료들을 참고하길 권한다.

이 책에서는 나치즘이 철학과 사상의 흐름 속에서 어떤 위치에 자리하는지 알아보는 데 집중하려고 한다.

나치즘이 데카르트, 칸트, 헤겔 같은 이성 중심 철학자들을 배출한 독일에서 등장했다는 사실은 아이러니하다. 독일은 오랫동안 '이성'과 '합리성'을 가장 중요한 가치로 여겨 온 나라였다.

인간은 이성적으로 사고하고 판단할 수 있는 존재이며, 사회도 이성적으로 운영되어야 한다는 믿음이 뿌리 깊게 자리 잡고 있었다. 다시 말해 '이성 중심주의'가 하나의 신념처럼 받아들여졌던 것이다.

그런데 그런 나라에서 어떻게 600만 명에 달하는 유대인을 학살하는 역사상 유례없는 비극이 벌어졌을까?

나치즘이 등장하기 전, 독일은 제1차 세계대전(1914년~1918년)에서 패배했다. 이 전쟁은 이전의 전쟁에서는 볼 수 없었던 특징이 있었다. 과거에는 칼이나 총 한 자루로 싸우던 전쟁이었지만, 이번엔 기관총, 독가스와 같은 대량 살상 무기가 사용되었다. 그래서 전과는 비교도 되지 않을 만큼 많은 인명 피해가 일어났다.

게다가 전쟁으로 인해 발생한 비용도 어마어마해서 영국을 비롯한 승전 국가도 경제적으로 큰 타격을 입었다.

그 손실을 메우려고 승전국은 전쟁의 패자였던 독일에 배상금을 요구했다. 그 배상액은 천문학적 숫자라 불릴 만큼 막대했다.

그 액수는 감당할 수 없는 수준이었다. 결국 독일은 배상금을 제대로 낼 수 없었고, 이를 빌미로 프랑스와 벨기에는 독일의 공업 지대인 루르 지방을 점령했다. 이에 항의하는 노동자들의 파업이 이어졌고, 생산이 멈추자 물가가 치솟았다. 정부는 부족한 화폐를 찍어 내기 시작했고, 이는 곧 하이퍼인플레이션으로 이어졌다.

이처럼 나라가 극심한 혼란에 빠졌을 때 나치스는 정권을 잡았고, 배상금 지급을 거부했다. 거기서 멈추지 않고 주변 국가들을 차례차례 점령하기 시작했다. 그들의 파죽지세에 독일 국민들은 나치스를 지지하며 지도자 히틀러에 심취했다.

히틀러는 '적'을 만드는 데 뛰어난 사람이었다. 하이퍼인플레이션으로 경제적 고통을 겪던 국민들의 분노의 화살이 금융업에 종사하는 사람이 많던 유대인에게 쏠리도록 유도한 것이다.

유대인 중에는 금융업에 종사하는 사람도 있었지만, 검소하게 살아가는 평범한 사람도 많았다. 그러나 히틀러는 이들을 희생양 삼아 강제 수용소에 가두고 집단 학살을 저질렀다.

전쟁이 끝난 후 연합군은 아우슈비츠 강제 수용소의 참상을 보고 충격을 받았다. 독일 국민에게도 그 끔찍한 현실을 숨길 수 없다고 판단한 연합군은 수용소의 실태를 보여 주었다. NHK 스페셜 〈신영상의 세기〉에서는 수용소의 잔혹함을 두 눈으로 직접 본 독일 국민이 "용서해 주시오, 우린 몰랐소."라고 말하자, 살아남은 유대인이 "아니, 당신네들은 알고 있었소."라고 말하는 장면이 나온다.

도대체 나치즘은 왜 생겨난 걸까? 히틀러 같은 독재자가 어떻게 권력을 잡을 수 있었을까? 그 핵심은 감당할 수 없을 만큼 과도한 배상금에 있었을 것이다. 독일인은 거액의 배상금에 분노했고, 하이퍼인

플레이션이라는 경제적 절망과 좌절 속에서 자포자기하는 사람들이 늘어났다. 그럴 때 히틀러는 마치 국민의 고통을 해결해 줄 존재처럼 등장했다.

독일 국민들은 어떠한 형태로든 폭발할 수밖에 없는 상황에 몰렸다고 할 수 있다.

히틀러를 보면서 나는 플라톤의 『국가』를 떠올리지 않을 수 없다. 플라톤은 이 책에서, 철학자가 통치하는 국가가 가장 이상적이라고 주장했다.

히틀러는 이런 철학적 이상을 자신에게 덧씌우며, 사람들로 하여금 자신이야말로 모든 것을 꿰뚫어 보는 '철학적 통치자'라고 믿게 만들었다.

거기다 니체의 초인 사상까지 엿보인다. 니체는 서양을 지배해 온 기독교의 영향력이 약화하자 인간은 스스로 주체가 되어 초연한 자세로 살아야 한다는 초인 사상을 주장했다.

히틀러는 그런 니체의 철학을 차용해 '신 없는 시대를 이끌어 줄 강한 지도자'라는 이미지를 사람들에게 심어 주는 데 성공했다. 니체의 세계관을 잘 이용했다고 해야 할까. 히틀러는 플라톤과 니체의 사상을 왜곡하고 이용하여 수많은 희생자를 만들어 낸 괴물이었다.

데카르트, 칸트, 헤겔 같은 철학자는 인간이 누구나 이성을 갖고 있으며, 합리적인 사고를 통해 더 나은 사회를 만들 수 있다고 믿었다.

하지만 현실은 달랐다. 전쟁과 배상금, 극심한 경제난에 맞닥뜨린 독일 국민들은 이성적으로 그 참담한 상황을 극복하지 못했다.

나치즘과 히틀러는 국민들의 그런 일그러진 마음에 교묘하게 파고들었다. 고통과 불안이 극에 달했을 때, 인간의 이성은 정상적으로 작동하지 않는다.

그럴 때는 이성보다도 감정을 자극하는 달콤한 속삭임에 끌리기 쉽다. 나치즘이라는 역사가 인간은 그런 생물이라는 치부를 들추어냈다.

> Chap 6. 현대의 철학과 사상

공산주의도 자유주의도 아닌 수정 자본주의

케인스 (1883년~1946년)

제1차 세계대전이 끝나고 1922년, 소비에트 연방이라는 공산주의 국가가 탄생한 이후 서양의 부자들은 공산주의가 확산될까 봐 공포에 떨었다.

어쨌든 공산주의 국가가 되면 전 재산을 몰수당하거나 죽임을 당했으니 말이다. 자신이 사는 나라가 공산화되면 큰일이라며 두려움에 사로잡혔다.

더욱이 제2차 세계대전이 끝난 후에도 공산주의의 기세는 멈추지 않았다. 동유럽과 아시아의 여러 나라들이 공산화되었다. 설상가상으로, 이 상황을 손 놓고 보고 있다간 머지않아 도미노가 쓰러지듯 전 세계 여러 나라가 공산주의 국가가 된다는 도미노 이론이 널리 퍼졌다.

공산화를 막으려면 어떻게 해야 할까? 공산주의의 대항책으로 존

메이너드 케인스John Maynard Keynes가 주장한 수정 자본주의가 채용된다. 이 수정 자본주의란 어떤 것이었을까?

케인스 경제학을 이해하려면 먼저 영국의 공장주 로버트 오언과 포드 모터 컴퍼니의 창설자 헨리 포드Henry Ford라는 인물을 소개해야 할 것 같다.

앞서 살펴봤듯이, 로버트 오언은 산업혁명이 한창일 때, 당시로서는 파격적인 복지 정책을 펼쳤다. 노동자들에게 적당한 근무 시간, 높은 임금, 생활필수품의 저렴한 공급을 보장한 것이다. 자본가들로부터 "저러다 망할 것"이라는 비웃음을 들었지만, 세계에서 가장 얇은 고품질의 실을 자아내어 경영적으로 대성공을 거두었다.

포드는 '자동차의 왕'으로서 제1차 세계대전부터 제2차 세계대전까지 활약했던 기업가다. 채플린의 영화 『모던 타임스』(1936년)에서도 묘사됐는데, 이 시대에는 공장 노동자를 싼값에 부려 먹어 빈부 격차가 매우 컸다. 그래서 자유의 나라 미국에서조차 공산주의의 유행을 채 막지 못했다.

그러던 중에 포드는 8시간 노동, 주 2일 휴무, 거기에 파격적인 고임금까지, 좋은 노동 환경을 내걸어 공장을 경영했다. 그 당시 자본가나 공장 경영자들은 하나같이 반대했다.

"그러면 노동자들이 기어오른다네. 분명 실패할 걸세, 그만두게."

라며 말이다. 그러나 오히려 자동차의 품질과 생산량 모두 향상되었다. 게다가 종업원들 스스로 자동차를 구매해 고객이 되어 주는 건 덤이었다. 이렇게 포드의 자동차 회사는 크게 발전했다.

오언과 포드는 그 당시에는 괴짜 취급을 받았다. 하지만 케인스는 이런 괴짜 경영자가 성공한 이유를 분석했고, 노동자에게 후한 임금을 줘야 경제 전체도 활성화한다는 이론을 구축하는 데 성공했다.

<u>노동자에게 급여를 많이 주면 그들은 소비한다. 소비하면 물건이 많이 팔리니까 공장은 돈을 번다. 공장이 돈을 벌면 노동자의 임금도 올라가고, 노동자는 또 소비를 한다. 그런 선순환이 사회를 여유롭게, 국민 모두를 풍요롭게 만든다고 생각했다.</u>

자본가는 제2차 세계대전 후에 케인스가 내세운 '수정 자본주의'의 도입을 받아들였다. 이렇게 되면 노동자에게 높은 급여를 지불하는 만큼 자본가에게 돌아오는 몫은 줄어들 수도 있다. 하지만 모든 국민이 풍요로워지니 노동자의 불만은 줄어들고, 나아가 공산화 걱정도 덜 수 있다.

공산화 없이 넘어갈 수만 있다면, 돈을 조금 덜 벌더라도 수정 자본주의로 갈아타는 편이 훨씬 이득이겠다고 생각한 모양이었다.

이 케인스의 수정 자본주의는 제2차 세계대전 후 서구 국가들과 일본 등 자유주의 진영 국가들에서 채택되어 경제 발전에 기여했다.

'소비'에 중심축을 둔 케인스 경제학에서는 소비자 심리를 자극하는 신상품들이 잇따라 나오면서 경제가 활성화되었다. 특히 버블 경제의 전성기였던 일본에서는 국민 대부분이 스스로 중류 계급이라고 느끼는, 세계 역사상 보기 드문 위업을 달성했다.

신자유주의로 방향을 틀다

한편, 이른바 '동방'의 공산주의 국가에서는 경제가 잘 돌아가지 않았다. 중점이 '생산'에 치우쳐 있었던 것도 요인 중 하나일 것이다. 배불리 먹지 못했던 가난한 시대에는 어쨌든 배만 채우면 됐었다.

하지만 배를 곯을 일이 없어진 후로는 호기심을 자극하는 상품이 아니면 소비자는 금세 흥미를 잃는다. 아무런 노력을 기울이지 않고 늘 똑같은 상품만 만들어 내면 구미가 당기지 않는다.

노동자 역시 늘 똑같은 상품만 만들어 봤자 재미가 없다. 즐겁지도 않은데 받는 돈은 똑같으면 건성건성 일하는 사람만 이득을 보는 것 같다.

이렇게 여러 가지 이유로 공산주의 경제는 정체되었다.

수정 자본주의를 택한 '서방' 국가는 화려하면서 즐거워 보였고,

공산주의를 택한 '동방' 국가는 경제가 침체되었다. 결국 그런 상황을 견디지 못한 공산주의 국가들은 잇따라 민주화를 택했다. 이를 두고 미국 등 서방 진영은 '자본주의의 승리'라며 만세를 불렀다. 그러나 이 말은 선명하지 못한 느낌이 든다. 케인스의 수정 자본주의가 공산주의 이상으로 격차 시정과 경제 발전이라는 두 마리 토끼를 잡을 수 있었기 때문일 것이다.

공산주의 국가 대부분이 붕괴하자, '서방'에 사는 부자들은 더 이상 공산주의에 겁을 낼 필요가 없다며 안심한 듯했다. 그렇다면 수정 자본주의를 버리고 자유주의적 경제로 돌아가도 괜찮겠다고 생각했던 것 같으니 말이다.

이미 영국의 마거릿 대처 Margaret Thatcher 총리(1925년~2013년)나 미국의 로널드 레이건 Ronald Reagan 대통령(1911년~2004년)이 빈부 격차를 용인하는 신자유주의로 방향을 틀기 시작했다. 공산주의 국가가 점점 붕괴하는 모습을 보고, 부자들은 자신들에게 유리한 방향으로 흐름을 이끌기 위해 상속세, 법인세, 소득세를 줄이는 정책을 진행시켰다.

부자들은 부모에게 상속받은 막대한 재산을 상속세 덕분에 줄어들지 않게 할 수 있었고, 법인세를 깎은 만큼 주주들에게 이익을 나눠줄 수 있었다. 게다가 종업원에게 급여를 덜 줘서 생긴 이익을 주주에게 환원시키는 등, 부자에게 유리하도록 정책을 세웠다. 그 때문에 미국의 빈부 격차는 특히 더 심해져서 소득 상위 10%인 고소득층의 순자산은 총액 80조 달러, 미국 GDP의 4배나 된다고 한다.

자본가들은 흔히 이렇게 주장한다. "우리는 재산을 잃을지도 모른다는 리스크를 안고 투자한다. 그만큼 보답을 받는 건데 돈을 버는 게 무슨 문제인가." 그런데 프랑스의 경제학자 토마 피케티 Thomas Piketty 의 『21세기 자본』에 따르면, 자본가들은 겉으로 떠드는 것만큼 리스크를 떠안지 않는다.

이 책에서는 'r〉g'라는 수식을 쓰는데, 나라의 경제 성장률(g)보다 부자의 자산이 늘어나는 속도(r)가 더 빠르다는 뜻이다. 그러니까 부자는 안정적으로 돈을 번다는 뜻이다.

생각해 보면 당연하다. 투자가는 생활에 지장을 주지 않을 만큼 저축을 확보하고 나서 남는 돈을 리스크 자산으로 투자한다. 리스크를 떠안는 듯하면서도 사실 떠안지 않는 것이다. '리스크를 안고 있으니까 돈을 버는 건 당연하다.'라는 투자가들의 이치는 맞는 듯하면서도 어딘가 궤변 같다.

일본도 영국이나 미국과 마찬가지로 2000년대에 들어서 신자유주의가 널리 퍼졌고, 파견 사원이나 계약 사원은 저임금으로 일하게 되었다. 빈곤에 허덕이는 가정이 늘고 형편이 어려운 어린이와 한부모,

노인, 외국인 노동자 등이 이용하는 어린이 식당子ども食堂은 2021년 기준 6,000 곳이나 된다고 한다.

이렇게 빈부 격차가 커져서 그런지, 마르크스주의나 공산주의에 대한 주목도가 높아지고 있다. 사이토 고헤이 씨의 『지속 불가능 자본주의』는 50만 부 넘게 팔린 베스트셀러가 되었다.

역사를 되돌아보면, 이런 식으로 같은 역사를 되풀이하는 것 같다. 부자만 돈을 벌고 빈곤층을 돌아보지 않는 자유주의 → 공산주의의 유행 → 공산주의를 막기 위한 케인스식 수정 자본주의 채택 → 공산주의 국가의 붕괴 → 공산주의에 대한 공포심이 줄어들고 신자유주의 유행 → 빈부 격차 확대 → 공산주의가 다시 유행

아마도 부자들 입장에서 보면 케인스 식 수정 자본주의 역시 본인들에게 돌아오는 몫이 줄어들어 공산주의와 비슷하기 때문에 썩 내키지 않는 제도일 것이다. 공산주의에 비해 전 재산을 몰수당할 일은 없으니 그나마 낫다는 수준이지 않을까. 그렇기 때문에 공산화에 대한 공포가 사그라지자마자 수정 자본주의를 그만두고 신자유주의로 갈아탄 것이다.

하지만 결과적으로 다시 공산화 가능성이 생긴다면 실로 아이러니한 이야기다

> **Chap 6. 현대의 철학과 사상**

과학 성선설에 대한 의문과 센스 오브 원더

레이첼 카슨 (1907년~1964년)

산업혁명 이후, 과학은 사회 전반을 크게 변화시켜 왔다. 제1차 세계대전 이후에는 독일의 과학자 프리츠 하버$^{Fritz\ Haber}$와 카를 보슈$^{Carl\ Bosch}$가 공기 중의 질소로 비료를 합성하는 획기적인 기술을 개발하였다. 이른바 하버-보슈법$^{Haber\text{-}Bosch\ process}$ 덕분에 화학 비료를 대량으로 제조할 수 있게 되었고, 이에 따라 식량 생산은 비약적으로 향상되었다.

또한 화학 농약도 경이로운 효과를 발휘하였다. 『센스 오브 원더』를 일본어로 번역한 가미도 게이코^{上遠惠子}씨는 『레이첼 카슨의 세계로$^{レイチェル・カーソンの世界へ}$』라는 책에서 자신이 어린 시절 경험했던 놀라움을 이렇게 전한다.

전쟁 전에는 메뚜기가 대량 발생하여 온갖 작물을 남김없이 해치우고, 심지어 의복까지 갉아먹어 쌀 한 톨 남기지 못하는 식량난을 자주 겪었다고 한다.

그런데 화학 농약 덕분에 그런 공포로부터 해방되었고, 그 경험을 통해 과학의 위대함을 실감하게 되었다고 회상한다.

1969년, 인류는 마침내 달에 착륙했다. 지구 바깥으로 나아가 우주로 여행하는 시대가 열린 것이다. 당시 과학은 인류의 활동을 끝없이 확장하는 무한한 힘처럼 여겨졌다.

그런 과학 예찬 시대에 『침묵의 봄』이 출간되었다. 이 책에서 레이첼 카슨Rachel Carson은 화학 물질이 다양한 생물을 죽음으로 내몰고, 머지않아 작은 새의 지저귐조차 들리지 않는 '침묵의 봄'을 맞게 될지도 모른다며 경종을 울렸다.

물론 이후 이 책의 내용 가운데 일부는 과학적으로 결함이 있다는 지적을 받기도 했다. 그러나 기름에 잘 녹고 쉽게 분해되지 않는 성질을 지닌 화학 물질들이 생물의 먹이사슬을 따라 점점 더 농축되는 현상, 즉 생물 농축bioaccumulation의 메커니즘은 점차 분명해졌다.

그 결과, 많은 생물이 죽음에 이르게 되었다. 화학 농약의 전능함을 굳게 믿고 의심하지 않던 과학 신앙에 한 조각 의심의 돌을 던진 셈이었다.

그 이후, 획기적인 기술로 여겨졌던 것들이 인류를 오히려 위기로 몰아넣을 수 있다는 사례가 속속 드러났다. 플루오르카본^{fluorocarbon}은 한때 '꿈의 물질'로 불리며 에어컨의 냉매나 반도체 세정 등에 폭넓게 사용되었다. 그러나 이 물질이 오존층을 파괴하고 피부암을 유발할 수 있다는 사실이 밝혀지면서 규제 대상이 되었다.

또한, 이산화탄소는 본래 특별한 독성이 없는 물질로 알려져 있었지만, 지구 온난화의 주범으로 지목되며 기후 위기의 중심에 놓이게 되었다. 지구를 인류가 살 수 없는 별로 만들어 버릴지도 모른다는 우려가 커지자, 이에 대한 규제가 본격화되었다.

<u>레이첼 카슨은 과학을 무조건적으로 찬양하기보다는 예기치 못한 위험이 언제든 발생할 수 있다는 사실을 우리에게 일깨워 주었다. 그녀는 과거의 상식이었던 과학 만능주의를 뒤집으며, 과학 또한 실수를 범할 수 있다는 새로운 상식을 제시했다.</u>

카슨은 또 한 권의 인상 깊은 책, 『센스 오브 원더』를 남겼다. 이 책은 그림책처럼 페이지 수가 적고 아름다운 자연 사진이 실려 있어 당시 교육계에 신선한 충격을 안겨 주었다.

그녀는 네 살 난 조카 로저를 데리고 밤의 해변을 찾아가 바닷물이 바위에 부딪히는 소리를 함께 들으며 온몸으로 자연을 느꼈다. 또 밤의 숲으로 탐험을 나서 반짝이는 이끼를 보고 '다람쥐의 크리스마스

트리'라고 불렀다.

때로는 밤 창가에 진득하게 앉아 조용히 달을 바라보기도 했다. 그런 식으로 카슨은 자연의 신비로움과 경이로움을 직접 체험했다. 하지만 그녀는 아이에게 무언가를 적극적으로 가르치려 들지 않았다. 다만 신기하고 신비로운 것을 함께 바라보며 놀라워할 뿐이었다.

카슨은 해양생물학자였기 때문에 수많은 생물의 이름을 기억하고 있었다. 마음만 먹으면 아이에게 이름을 가르치고 과학적인 해설도 해 줄 수 있었지만, 그녀는 그런 것들이 크게 중요하지 않다고 생각했다.

그녀에게 정말 중요한 것은 자연과 생물의 신비로움과 경이로움을 지켜보고 감탄할 수 있는 감성, 곧 '센스 오브 원더'였다.

지식을 받아들이는 체험 네트워크

내가 직접 겪은 일을 하나 소개하고자 한다. 와카야마현 해변에서 해수욕을 마치고 귀가하려는 한 가족이 있었다. 나는 그들에게 말을 건넸다.

"여기 별이 참 예뻐요. 다른 일정이 없다면 별을 보고 가시는 건 어떠세요?"

밤이 되자 하늘을 올려다보며 젊은 아버지가 말했다.

"아쉽게도 구름이 끼었네요."

나는 대답했다.

"무슨 말씀이세요? 저기 보이는 건 다 별이에요. 안개도 모두 별이거든요."

그가 믿기 어려운 듯한 표정을 짓기에 나는 해안선 위로 떠 있는 구름과 비교해 보며 '별 구름'이 움직이는지 확인해 보라고 했다.

"진짜네요! 저게 다 별이었군요!"

젊은 부부는 깜짝 놀란 나머지 할 말을 잃고 밤하늘을 계속 쳐다봤다. 다섯 살쯤 되어 보이는 아들도 엄청난 광경을 목격한 듯 넋을 잃고 하늘을 올려다보았다.

"저기 천천히 움직이는 별 보이시죠? 저건 인공위성이에요."

"우아! 인공위성이 보여요?"

"저긴 지구에서 멀리 떨어져 있으니까 아직 햇빛에 반사되는 것 같아요."

"우아!"

부모가 그렇게 놀라니 아이도 흥분해서 쳐다본다.

"별은 아득히 멀리 떨어져 있으니까, 우리가 지금 보는 빛은 몇 년 혹은 몇십 년 전에 출발한 것일 수도 있어요. 어쩌면 저 별 중에는 이미 폭발해서 지금은 존재하지 않는 것도 있을지 몰라요."

"이렇게 눈에 보이는데 이미 존재하지 않는다니, 정말 그런 일이 가능하군요. 와, 대단하네요."

아이의 반응은 점점 더 놀라운 것을 마주하는 듯 생생해졌다.

그 가족은 우리가 잠자리에 들 무렵까지도 계속해서 밤하늘을 바라보고 있었다. 다음 날 아침, 우리가 떠나려 하자 그들은 말했다.

"하룻밤 더 묵으면서 별을 좀 더 보고 가기로 했어요."

여기서 중요한 점이 있다. 내가 했던 시시한 해설보다도, 부모가 아이에게 전해 준 것이 훨씬 더 소중하다는 점이다. 그것은 바로 자연의 신비로움과 경이로움에 눈을 뜨고 놀라는 감성이다.

몇 시간이나 가만히 앉아 별을 바라본 그 체험은 어느새 아이 안에 체험 네트워크를 형성하게 된다. 이제부터 이 아이는 별과 우주에 대한 기사나 방송을 보면, 흥미를 느끼고 몰입하게 되지 않을까. 이처럼 체험 네트워크는 점차 견고해지고, 지식 네트워크로 확장된다.

중요한 것은 지식의 양이 아니라 흥미와 관심이 얼마나 있는가이다. 흥미와 관심이 생기면, 체험 네트워크는 자연스럽게 만들어진다. 이 네트워크만 형성된다면, 나중에 '그 체험이 이런 이름으로 불리는구나.' 하며 그 매듭(결절점)에 지식이라는 이름만 갖다 붙이면 된다.

결국 중요한 것은 지식을 받아들이는 체험 네트워크다.

'놀라움'은 이 체험 네트워크를 빠르게 만들어 주는 핵심 요소다. 어른인 부모가 먼저 감탄하고 신기해하며 관심을 기울이면, 아이도 자연스럽게 흥미를 느낀다. 자연과 생명의 신비로움에 눈을 뜨고 감탄하는 감성, 바로 센스 오브 원더가 무엇보다 중요하다.

가르치는 일은 중요하지 않다는 카슨의 제안은 많은 부모와 교육자들에게 적지 않은 충격을 주었다. 교육학은 오랫동안 '가르치는 일'에만 초점을 맞추어 왔기 때문이다. 이 제안은 장 자크 루소의 『에밀』과도 통하는 부분이 있다. 그러나 카슨은 "가르치는 일은 중요하지 않다."라고 분명한 언어로 표현했다는 점에서 한층 더 신선하게 다가온다.

자연과 생명을 진심으로 아끼고 사랑했던 레이첼 카슨이었기에 『침묵의 봄』과 같은 책을 세상에 내놓을 수 있던 게 아닐까. 이 세상을 아끼는 마음이 그녀를 움직이게 한 원동력이었으며, 과학 만능이라는 낡은 상식을 넘어 과학도 잘못 다루면 인류를 위기로 몰아넣을 수 있다는 우려를 새로운 상식으로 제시할 수 있었다.

Chap 6. 현대의 철학과 사상

과학은 스스로
약점을 드러내야만 한다

칼 포퍼 (1902년~1994년)

어렸을 때만 해도 여름만 되면 TV에서는 심령 현상이나 UFO를 다룬 특집 방송이 자주 방영되곤 했다. '최신 기기를 사용해 유령의 존재를 드디어 과학적으로 증명!', '외계인이 존재한다는 결정적 증거!'와 같은 자극적인 자막과 함께 출연자들은 호들갑을 떨었다. 어린 나는 설렘 반, 떨림 반으로 그런 방송을 봤던 기억이 난다.

초능력이나 영적 능력을 다루는 프로그램도 있었다. "방송을 보는 여러분에게 텔레파시를 보냅니다!"라는 말에 나도 화면 앞에서 그 텔레파시를 수신하겠다고 진지하게 집중해 본 적이 있다. 물론 실제로 무언가가 느껴지지는 않았지만 말이다.

이런 방송들이 유행할 수 있었던 건 아마도 '과학의 전성기'라는 분위기 속에서 과학적인 것처럼 보이게 꾸미는 연출이 설득력을 가졌기 때문이었을 것이다.

하지만 어른이 된 지금 돌아보면, 이른바 사이비 과학과 진짜 과학은 무엇이 다를까 하는 의문이 생긴다.

영국의 철학자 칼 포퍼 Karl Popper는 이 질문에 대해 흥미로운 제안을 했다. "과학 이론은 스스로 약점을 드러낼 수 있어야 한다."라고 말이다. 다시 말해 이 이론은 '틀렸다고 판명될 수 있는 가능성, 즉 반증 가능성 falsifiability을 갖고 있어야 과학'이라는 것이다.

과학 이론은 그 자체로 '이런 데이터가 나오면 내 이론이 틀렸다는 걸 인정하겠습니다.'라는 선언이 담겨 있어야 한다는 말이다. 예를 들어 뉴턴의 만유인력 법칙은 "만약 내일부터 사과가 땅으로 떨어지지 않고 하늘로 솟는다면, 이 이론은 다시 검토하겠습니다."라는 식의 반증 가능성을 품고 있다.

포퍼의 주장은 이렇다. 과학 이론이란 스스로를 무너뜨릴 조건을 명확히 밝힘으로써 검증의 대상이 될 수 있어야 한다는 것이다.

반면 사이비 과학은 반증 가능성을 제시하지 않는다. '유령은 존재한다.'라는 말은 언뜻 들으면 어떤 설명 같지만, 실제로 '유령은 없다.'라는 걸 증명하는 일은 불가능에 가깝다.

반증할 수 없는 주장에는 과학적으로 접근할 수 없다. 그래서 포퍼는 반증이 불가능한 주장이나 이론은 과학의 범주에서 제외하자고 제안했다.

이러한 포퍼의 생각이 널리 퍼지면서 아무도 거역할 수 없었던 '학회의 권위'는 자취를 감추었다. 예전 학회에서는 자신의 이론에 의심스러운 뉘앙스를 넣어 발표하는 사람이 있으면 깔아뭉개려는 '권위'가 있었다고 한다. 그러면 "그 논문도 안 읽고 감히 내 이론에 반박해?"라는 식으로 동료 연구자를 깔아뭉개 버리는 일이 비일비재했다.

하지만 포퍼의 주장대로라면 어떤 권위든 본인 의견의 약점을 제시해야 한다. 자신의 이론이 뒤집힐 수 있는 반증 가능성을 제시해야 한다. 그게 불가능하다면 과학이 아니다.

그런 생각이 널리 퍼졌기 때문인지 자신의 이론은 틀리지 않았다고 생각하는 '학회의 권위'는 점점 사라지게 되었다.

포퍼의 사고는 오늘날 우리가 사용하는 스마트폰이나 컴퓨터의 '업데이트' 방식과도 닮아 있다. 스마트폰은 다양한 앱을 움직일 수 있도록 OS$^{\text{Operation System}}$가 탑재되어 있다.

그런데 OS가 낡으면 새로운 앱을 제대로 작동시키지 못하거나 바이러스에 노출되기도 한다. 그래서 우리는 종종 OS를 업데이트해야 한다.

과학 이론도 OS와 비슷하다. 지금까지 발견된 현상은 일단 잘 설명할 수 있어도 새로운 현상이 설명되지 않는다면 이론을 다시 검토해야 한다. 이론을 업데이트하는 것이다.

반증이 나올 때마다 업데이트를 반복하는 모습은 OS 업데이트나 버전 업과 꼭 닮았다.

모든 과학 이론은 사실 현재 상황에서 가장 타당하다고 여겨지는 하나의 '가설'에 지나지 않는다. 그 가설로는 설명되지 않는 새로운 발견이 나타났을 때, 우리는 주저하지 않고 이론을 재검토한다.

과학은 언제나 새로운 데이터에 열려 있고, 그에 따라 변화를 수용한다. 그럼 가설일 뿐이니 얼마든지 의심해도 되냐고 묻는다면 그렇지는 않다. 가설일지라도 현시점에서 타당성이 있다면 무작정 의심하지 않고 그대로 채용한다.

대신 그 가설은 '반증 가능성'이라는 약점을 함께 품고 있어야 한다. 만약 반증이 생긴다면 미련 없이 업데이트해야 한다.

새로운 데이터가 나올 때까지는 지금의 이론을 믿고 활용하되, 언제든지 뒤집힐 수 있다는 전제 위에 서 있어야 한다는 뜻이다. 현재의 OS를 계속 써도 지장이 없다면 그대로 두는 것처럼 말이다.

현시점에서 문제가 없으면 일일이 의심하지 않는 것. 이러면 우리는 정신적 에너지를 절약할 수 있다.

'이 음식에 누가 독을 타지 않았을까?'

'도로를 역주행하는 차가 갑자기 튀어나오면 어쩌지?'

이렇게 일일이 의심하면 우리는 불안과 걱정으로 가득 차 살아갈 수 없게 된다.

대신 우리는 이와 같은 가설을 세우고 살아간다.

'믿을 만한 사람이 준 음식은 괜찮다.'

'사람들은 기본적으로 교통 법규를 지킨다.'

물론 드물게 그 가설이 무너지는 일이 일어나니 방심은 금물이지만, 우리는 '이 가설은 어느 정도 타당하다.'라고 생각하면서 살고 있다.

데카르트 이후로 부쩍 의심이 많아진 현대인들에게 포퍼는 이론이나 사물을 대하는 법, 거리 두는 법을 타당한 것으로 보정해 준 것 같다.

포퍼 이전에는 '기왕 만들기로 했으니 100퍼센트 옳은 이론을 만들어야지, 이론은 반드시 옳은 거야.'라는 것이 '상식'이었다고 볼 수 있다. 하지만 애초에 반드시 옳은 이론을 만들 수는 없다. 모든 것은 가설일 뿐이다.

과학적인 가설은 스스로 뒤집어엎을 수 있는 반증 가능성을 제시할 수 있어야 한다. 단, 반증이 나오지 않는 동안에는 무작정 의심하지 말고 타당한 것으로 믿고 채용하면 된다.

'만약 반증이 나오면 망설이지 말고 업데이트한다.'라는 것이 포퍼의 '새로운 상식'이다. 나에게는 이 포퍼의 제안이 매우 합리적이고 설득력 있게 다가온다.

> Chap 6. 현대의 철학과 사상

존재를 보기 전에 관계를 생각하라

케네스 거겐 (1935년~)

미국에서는 낙태를 둘러싼 찬반 의견이 팽팽히 맞서는 상황이라고 한다. 서로 상대가 틀렸다고 손가락질하며, 이견이 좁혀지는 일은 좀처럼 없다. 하지만 심리학자 케네스 거겐Kenneth J. Gergen의 저서 『관계에서 시작하다Relational Being: Beyond Self and Community』에서는 매우 흥미로운 사례를 소개한다.

낙태에 찬성하는 사람과 반대하는 사람에게 왜 그런 입장을 갖게 되었는지, 그 이유를 묻고 각자의 에피소드를 들려달라고 한 것이다.

"내 동생이 이렇게 슬픈 경험을 해서…."

"내가 이런 아픈 일을 겪어서…."

그들이 각자 왜 그런 입장을 갖게 되었는지를 진심 어린 이야기로 풀어놓자, 반대 입장이었던 사람들도 "그런 경험을 했다면 나도 찬성(혹은 반대)했을 거야."라며 서로 이해하는 모습을 보였다고 한다.

이처럼 이치로 싸울 때는 양쪽 모두 패배를 선언하지 않고, 그저 빙글빙글 제자리걸음만 하게 된다. 과학적 이론이나 논리로 맞붙을 경우에도 끝없이 언쟁만 이어지기 일쑤다.

체험을 바탕으로 왜 그런 입장을 취하게 되었는지를 공유하면, 사람들은 상대의 입장을 이해하게 된다.

얼핏 보면 과학적 이론이나 논리적 설명이 더 보편적인 것처럼 여겨지기 쉽고 개인적인 이야기는 주관적이라 객관성이 없다고들 생각하지만, 오히려 그 '개인적인 서사'가 보편적인 공감대를 이끌어 내는 경우도 적지 않다.

이론으로 상대를 설득하려 할 때는 전혀 공감하지 못하던 사람들이 체험을 공유하면 고개를 끄덕이며 공감하게 된다. 이유는 '관계성'의 유형이 바뀌었기 때문이다. 관계성을 다시 디자인하면, "쟤는 원래 그런 앤데, 뭐."라며 편견을 품었던 대상에게서도 "어? 저런 면이 있었네?"라는 새로운 면을 발견하게 된다.

이는 사회 운동 이야기에서 그치지 않는다. 우리는 이 세계의 '존재'를 이해한다고 인지하지만, 사실은 그것이 맺는 '관계'만 이해하고 있을 뿐인지도 모른다.

예를 들어 우리는 철^{Fe}을 어떻게 이해하고 있는가. 여름 햇빛에 노출된 철이 화상을 입을 만큼 뜨겁다는 것, 겨울에는 얼어붙을 만큼 차갑다는 것, 칼이나 쇠망치로 가공할 수 있고, 물이나 갯바람에 잘 녹슬며, 전기가 통하고 자석에 달라붙는다는 성질을 열거하면 철이라는 존재를 이해한 기분이 든다.

우리는 즉 철과 햇빛, 피부, 기온, 공기, 물, 자석 등의 관계만을 알고 있을 뿐이다. '철'이라는 존재 자체를 파악했다기보다는 그것이 외부와 맺는 다양한 관계를 통해 간접적으로 이해하고 있는 셈이다.

우리는 '존재'라는 단어를 만들어 놓고 마치 그것을 직접 파악할 수 있다고 착각하지만, 실상은 모든 존재를 오직 '관계성'으로만 파악하고 있다. 인간관계에서도 마찬가지다.

"쟤는 원래 그런 애야."

우리는 종종 이런 식으로 타인을 섣불리 단정 짓곤 한다.

또는, 예를 들어 "부하는 시키는 일만 해서 힘들다."라며 한탄하는 상사가 있다.

"조금만 생각해 보면 알 수 있는데, 아예 생각을 안 하더라고. 생각할 수 있는 사람은 정말 한 줌밖에 안 될걸."

이렇게 자신을 그 한 줌에 포함시키고 스스로 위안을 삼는다.

하지만 부하가 시키는 일만 하는 이유는 그 사람이 본래 그런 존재이기보다는 상사가 만들어 낸 '관계성'에 따른 결과일 가능성이 크다. 예를 들어 부하가 스스로 판단해서 한 일에 대해 "왜 일을 마음대로 처리해?", "내게 먼저 양해를 구했어야지!"라고 상사가 화를 낸 적이 있다면, 부하는 '시키는 일 말고는 아무 것도 안 할 거야.'라며 수동적인 태도로 바뀌게 된다. 생각해서 한 일인데 야단을 맞으니 더 이상 하기 싫어질 수 있는 것이다.

만약 부하가 스스로 생각해서 한 일에 대해 "이렇게 생각해서 도와주려 하다니 정말 고마워. 앞으로도 지금처럼 해 준다면 큰 도움이 될 것 같아. 다만 이번 안건에서는 이런 점도 배려해 주면 좋겠어."라며 먼저 감사를 전한 뒤 개선점을 덧붙이는 방식으로 관계성을 디자인한다면 어떨까? 부하는 다음부터 두려움 없이 스스로 생각하고 더 깊이 유의할 점을 살피며 행동할 것이다.

인간의 마음은 마치 물과 같다. 둥근 그릇에 따르면 둥근 모양이 되고, 네모난 그릇에 따르면 네모난 모양이 된다. 인간은 준비한 관계성의 모양으로 바뀌는 것일지도 모르겠다.

과학 이론도 관계성을 바꾸면 그 모습이 확 바뀔 때가 있다. 예컨대 일반적으로 철은 잘 녹스는 금속으로 알려져 있다. 그러나 순도 99.9996%의 초고순도 철은 녹슬지 않고 염산에도 녹지 않는다고 한다. 우리가 '철은 녹슬기 쉽다.'라고 여겼던 것은 일정량의 불순물이

섞인 철을 기준으로 생각했기 때문이다. 즉, 철이 녹스는 것은 불순물과의 관계성 때문이었다. 불순물이 거의 없는 철은 전혀 다른 성질을 보이는 것이다.

이처럼 관계성이 바뀌면 철이라는 물질의 성질도 바뀐다. 칸트나 헤겔을 비롯한 철학자는 존재 자체에 대해 오랫동안 논해 왔다. 그 영향 때문인지 우리는 존재 자체를 파악할 수 있다고 믿게 되었지만, 실제로는 관계를 통해서만 존재를 파악하는 셈이다.

그리고 관계성이 바뀌면 인간도, 물질도 그 모습이 바뀐다. 이런 사실을 인식해 두면 인간관계를 더 잘 구축할 수 있고, 과학도 더 쉽게 혁신할 수 있지 않을까.

존재를 규명하기 전에 먼저 관계성을 살펴보는 것이 중요하다. 그러면 "쟤는 원래 그런 존재야."라는 편견이 "응? 이런 면도 있었어?"라는 새로운 발견으로 바뀔지도 모른다.

지금까지 우리는 '존재를 파악할 수 있다.'라고 믿어 왔다. 하지만 이제는 '관계성으로 존재를 파악할 수 있다.'라는 새로운 상식을 받아들일 때가 된 것이다. 그렇게 생각하면 앞으로 우리가 세계를 바라보는 시선이 훨씬 더 흥미로워질 것이라는 예감이 든다.

PART 2
동양 철학과 사상

재해석을 반복하는 사상

Chap 7. 중국의 철학과 사상

> Chap 7. 중국의 철학과 사상

지혜를 얼마나
헤아릴 수 있는가
중국 고전

　서양의 철학이나 사상과 달리 중국의 철학이나 사상에서는 '발전성'이라는 느낌이 잘 들지 않는다. 『논어』나 『노자』 같은 고전을 절대시하며, 후세에 태어난 사람들은 그것을 얼마나 깊이 이해하고 지혜를 헤아릴 수 있는가에 주된 관심을 둔다.

　고전을 완전한 것으로 간주하고 신성시하며, 후세 사람들은 선인先人에 비해 어쩔 수 없이 부족할 수밖에 없다는 태도를 취한다. 고전을 비판하고 극복하려는 발전적인 태도가 부족한 셈이다.

　하지만 이런 태도에는 나름의 이유가 있다. 하나는 설명이 거의 없다는 점이다.

　"이게 옳다고 생각한다. 왜냐하면…."

　서양 철학과 사상은 논리를 따라 자세히 설명한다. 고전 중의 고전인 플라톤의 시대부터 줄곧 그래 왔고, 실로 설명이 뒷받침된다.

반면 중국 철학과 사상은 설명다운 설명이 거의 없다. 예컨대 "모르는 것은 모른다고 인정하라. 이것이 진정한 앎이다."라던가, 하늘의 법망은 눈이 성긴 것 같지만 악인은 빠짐없이 걸린다는 뜻을 가진 "천망회회天網恢恢, 소이불실疎而不失"과 같은 짧은 문장을 툭 던지고, 더 이상의 설명을 하지 않는다. 해석은 읽는 사람에게 맡긴다. 그래서 '여백'이 매우 크다. 해석의 여지가 많아 후세 사람들은 자신들의 시대적 관점에 따라 다양하게 해석할 수 있다. 중국 고전은 생각할 수 있는 힌트를 제공하는 데 특화되어 있다.

또 하나는 중국 고전이 매우 현실적이라는 사실이다. 서양 사상은 종종 경험에 의존하지 않고 순수한 이성만으로 인식하고 설명하려는 경향이 있으며, 이러한 점에서 '사변적'이라고 평가받는 경우가 많다.

플라톤의 '이데아론'도 마찬가지다. 백마든 흑마든, 큰 말이든 작은 말이든, 개별성이 모두 제거된 순수한 '말'이라는 이데아가 존재한다고 말하지만, 아무래도 구체성이 부족해 알 듯 말 듯하다. 이치에 이치를 더하는 사유 방식이다.

반면 중국 사상은 매우 현실적이다. 『한비자』 등의 고전이 대표적이다. 아들과 이웃집 사람이 각각 "담벼락이 무너졌어."라고 알려 줬는데, 이를 무시하고 놔뒀더니 도둑이 들었다는 이야기다. 그런데 아들에게는 "선견지명이 있다."라며 칭찬한 반면, 이웃집 사람에게는 "저 작자가 도둑 아니야?"라고 의심을 품는다.

    이처럼 이치보다도 인간의 심리를 있는 그대로 직시한다.

    그래서 중국 철학이나 사상에서는 서양 철학처럼 발전적인 역사 인식을 배우긴 어렵다. 대신 현실적 지혜와 인간 이해, 그리고 깊이 있는 사고의 여지를 제공한다. 여기서는 그런 중국 철학과 사상의 중요한 부분만 간추려 소개하고자 한다.

> Chap 7. 중국의 철학과 사상

예의의 힘을
깨닫게 한 사내

공자 (기원전 551년~기원전 479년)

공자孔子와 제자들의 대화를 기록한 『논어』는 다양한 화제를 담고 있어 단정적으로 '논어란 이런 것'이라고 규정하기 어렵다.

예컨대 제자인 자로子路는 자신의 용기를 자랑하며 공자에게 어필했지만, 공자는 "죽음을 두려워하지 않는 것은 만용이다. 그렇게 무모한 자와는 함께할 수 없다."라며 훈계했다. 다른 구절에서는 "나는 열다섯 살에 배움을 즐기게 되었다."라고 회상하기도 한다. 이렇게 주제와 어조가 일정하지 않다. 요컨대, 제자들이 공자의 말을 듣다가 인상 깊은 내용을 기록해 놓은 것이라고 할 수 있다.

이러한 공자와 제자들이 펼친 사상을 우리는 '유교'라 부른다. 유교는 '예의'를 특히 중시한 하나의 학문으로 발전해 왔지만, 동시에 '의례적' 혹은 '은근무례'라는 표현으로 표면적이고 위선적이라는 비판도 상당히 많다.

그럼에도 유교는 2,000년 넘는 세월 동안 중국의 중심 사상으로 자리 잡았다. 어떻게 그런 지배력을 가질 수 있었던 걸까?

이런 유교가 주장하는 '예의'의 중요성을 나타낸 에피소드가 있다. 진나라가 멸망하고 한나라를 세운 영웅 유방劉邦(기원전 256년~기원전 195년)은 유교를 믿는 사람(유자)을 아주 싫어했던 걸로 유명했다. 유자의 모습만 보여도 발로 뻥 차버렸다고 했으니 말이다. 유방은 무슨 말만 하면 "고대의 가르침을 따르라."며 설교하는 유자에 몸서리를 쳤다.

하지만 황제가 된 후 유방의 고민은 깊어졌다. 황제가 있는 궁전 안에서도 장군들이 칼을 빼 들고 싸우기 일쑤였다. 다들 춘추 전국 시대에 살아남은 무장들이라 그런지 특히 평화로워야 할 궁전에서도 옛날 무용담으로 꽃을 피우는 사이에 '내가 더', '아니, 내가 더'라며 서로 자랑을 하다가 칼부림으로 번지는 일이 잦았다.

그러던 중, 유자 중 한 명인 숙손통叔孫通이 "저에게 맡기십시오."라며 황제의 행차 의식을 총괄하게 되었다. 의식 당일, 장군들이 여느 때처럼 떠들고 있는 와중에 악기 소리가 울려 퍼졌다. 소리가 나는 쪽으로 관심이 쏠리자 누군가 "정숙하시오!"라고 외쳤다.

그런데도 한 장군이 입을 다물지 않자 관계자가 끌고 나가는 상황이 벌어졌다. 분위기는 곧 숙연해졌다. 모두 정렬한 가운데 "황제 폐하 납시오!"라는 목소리가 드높이 울려 퍼지고, 악기 소리와 함께 "경례!" 하는 구령이 들렸다.

장군들은 어리둥절해하면서도 주위를 둘러보며 고개를 숙였다. 그때 마침내 황제 유방이 등장했다.

평소와 달리 싸움도, 칼부림도 일어나지 않고 조용히 정렬된 장군들의 모습을 본 유방은 "나는 황제가 위대한 지위라는 것을 처음으로 실감했다."라고 말하며 숙손통을 치하했다고 한다. 사마천司馬遷의 『사기』에 실린 이야기다.

유교는 진시황 시기 유교 서적을 불태우고 유자들을 생매장한 정책인 '분서갱유焚書坑儒'로 소멸 위기를 겪기도 했다. 그러나 숙손통이 유방에게 예의 힘을 보여 준 덕분에 유교는 부활의 계기를 마련했다.

그렇다면 어떻게 예의가 이처럼 강력한 힘을 가질 수 있었을까? 황제 앞에서도 막무가내로 칼을 뽑아 들던 장군들이 어째서 갑자기 질서를 지켰을까?

예의란 인간의 '헤아리는 힘', 즉 비언어적 상황을 이해하고 감지하는 능력을 교묘하게 자극하는 일종의 테크닉이라고 할 수 있다.

NHK 교육 채널의 〈오도모 TV〉에서 재미난 팬터마임을 방송했다. 어른이 훌라후프를 통과하면 그대로 멈추는 퍼포먼스다. 훌라후프를 들어 올리면 다시 움직인다. 그러자 흥미롭게도 같이 출연했던 아이 역시 훌라후프를 통과하더니 똑같이 멈추었다가 훌라후프를 들어 올렸더니 다시 움직이기 시작했다. 그 모습을 본 네 살배기는 훌라후프를 통과할 차례가 되자 도망쳤다. 통과하면 움직임을 멈춰야 하니까 겁을 먹었던 것 아닐까.

인간은 이렇게 아주 어린 시절부터, 말로 설명하지 않아도 다른 사람의 행동을 관찰하며 그 사람이 어떤 행동을 하는지를 자연스럽게 이해하는 능력을 갖고 있다. 예의는 이러한 심리를 자극해 사람들의 이목을 끌 수 있는 소리나 동작을 이용하여 일일이 지시하지 않아도 알아서 행동하도록 유도하는 군집 제어 기술이라 할 수 있다.

공자는 이런 예의의 힘을 고대 중국 주나라의 제도에서 배워 체계화했다. 예의가 때때로 '허례'라는 비판을 받으면서도 유교가 중국의 중심 사상으로 남을 수 있었던 이유는 바로 이 예의가 인간 심리에 작용하는 강력한 기술이라는 점을 공자가 누구보다 잘 이해하고 있었기 때문일 것이다.

> **Chap 7. 중국의 철학과 사상**

역설적 발상의 강인함
노자와 장자

나는 대학생 때 유명하다는 서양 사상을 전부 다 훑어보고 큰 위화감을 느꼈다. 일본인 체형에 맞지 않는 양복을 입은 듯한, 왠지 불편한 느낌이었다.

다음으로 『논어』를 읽었는데, '이건 나이가 들어서 읽어야지, 어려워서 잘 모르겠다.'라는 생각에 이 또한 확 와 닿지 않았다.

하지만 『노자』를 읽었을 때는 해독제를 마신 것처럼 신기하게 안정감을 느꼈다. 내용 자체는 엉망진창이었지만 말이다.

"천망회회, 소이불실." 논리적으로 보면 이상하다. 그물코가 매우 성긴데도 새지 않는다니, 이런 모순이 어디 있는가. 하지만 왠지 생생하게 느껴진다고 할까, 친근함이 느껴졌다. 논리적인 서양 철학에서는 본 적도 없는 이야기가 가득했다.

『노자』에는 "쓸모없는 것이야말로 쓸모가 있다(무용의 용)."라는, 모순적이면서 이상한 표현이 있다. 하지만 의외로 이러한 사례가 우리 주변에서도 일어난다. 일을 척척 잘하는 집단 안에 딱 한 명, 일이 더디고 싹싹하지 못한 사람이 있는데, 그 사람을 다른 사람과 바꿨더니 집단 전체가 삐걱거리기 시작하다가 붕괴하고 말았다는 사례다.

사실은 하는 일이 아무것도 없어 보였던 그 사람이 일 잘하는 사람들의 마음이 메마르지 않도록 활력을 주는 존재였다는 사실을 뒤늦게 알아차렸다. 쓸모없는 줄 알았던 것의 소중함을 나중에 깨닫는 경우는 실생활에 많이 존재한다.

『노자』에서는 '공허의 디자인'이라고 하는 아주 독특한 제안을 했다는 점이 참 흥미로웠다. 예를 들어 물에게 둥그러지라는 둥, 각지라는 둥 명령을 내려 봤자 말을 듣지 않고, 때리고 발로 차 봤자 흩뿌려질 뿐이다. 하지만 둥근 그릇이나 네모난 그릇이라는 '공허'를 준비하면 물은 자발적으로 그 공허를 메우기 위해 둥그러지거나 각이 지게 된다.

이 공허의 디자인은 군사 관계자의 바이블인 『손자병법』에도 등장한다. 성을 공격할 때는 완전히 포위하지 말고 반드시 허술한 장소를 남겨 두라는 '위사필궐圍師必闕' 병법이다. 만약 완전 포위를 하면 성의 병사들은 도망갈 곳이 없다는 걸 알고 '어차피 다 막혔는데 죽기 살기로 저항하다 가겠다.'라며 각오를 다진다.

 이렇게 되면 성을 함락시키기가 오히려 더 어렵다. 하지만 포위망에 한 군데 허술한 부분을 준비해 두면, 병사들은 '저기로 도망칠 수 있겠는데.'라며 마음이 약해진다. 그리고 실제로 밤이 되면 그 틈으로 빠져나간다. 그 순간, 공격을 개시하면 간단히 성을 무너뜨릴 수 있다.

 이 병사들의 움직임을 보면 무언가 생각나지 않는가? 그렇다. '댐에 개미구멍'이라는 말이다. 천 길 방죽도 개미구멍 하나로 무너진다. 개미구멍처럼 아주 작은 구멍 하나만 있으면 그 '빈틈'으로 물이 뿜어져 나온다. 물은 공허를 메우기 위해 움직인다. 포위된 병사들이 허술한 장소로 빠져나가는 모습이 흡사 물 분자의 움직임 같다.

 이러한 공허의 디자인은 미생물 세계에서도 통한다. 나는 학생에게 이런 퀴즈를 낸다. "걸리적거리는 나무 그루터기가 하나 있다. 미생물의 힘으로 제거해 보아라." 학생 대부분은 '나무 성분을 분해하는 미생물을 찾아서 그걸 그루터기에 쏟으면 되지 않을까?'라고 생각한다.

 이런 방법은 실제로 학회에서도 연구되고 있고 실시한 사례도 있지만, 사흘만 지나면 토착 미생물에게 잡아먹혀 흔적도 없이 사라진다.

하지만 흥미로운 방법이 있다. 그루터기 주위에 탄소 이외의 성분이 듬뿍 들어간 비료를 뿌리는 것이다. 그러면 그루터기는 3개월 정도만 지나도 포삭포삭 썩어 부스러진다. 토양 미생물의 힘으로 말이다.

어떻게 그런 일이 가능할까? 탄소를 제외한 영양이 듬뿍 들어간 비료를 잔뜩 주면, 토착 미생물로서는 이제 '탄소만 있으면 천국'인 환경이 만들어진다. 일종의 탄소 결핍증에 빠지는 것이다.

그런 가운데 탄소 덩어리로 존재하는 것이 바로 그루터기다. 이렇게 되면 토착 미생물 중에서 그루터기를 분해해서 탄소를 쏙 빼내는 데 능한 미생물이 활약한다. 그 미생물에게 탄소 이외의 양분을 옮겨 주는 미생물도 등장한다. 이렇게 토착 미생물의 생태계 전체가 그루터기를 분해하는 방향으로 움직인다.

이는 탄소가 부족하다는 결핍, 즉 공허를 의도적으로 마련함으로써 그 공허를 메우기 위해 미생물들이 움직이도록 유도한 것이다. 신기하게도 공허를 디자인하면 종잡을 수 없고 제어하기 어려워 보이는 군집도 질서 정연하게 움직이도록 유도할 수 있다.

그와 비슷한 발상은 국가처럼 큰 단위에서도 들어맞는다. 영국의 경제학자 수전 스트레인지$^{Susan\ Strange}$(1923년~1998년)가 쓴 『국가의 퇴

각』이라는 책에는 권력의 형태가 두 가지 소개되어 있다. 그중 하나인 관계적 권력은 보스가 부하를 공포로 다스리는 형태다. 공포를 직접적으로 느끼는 인원만 지배할 수 있다는 한계가 있다. 하지만 또 다른 형태인 구조적 권력의 경우, "규정을 지키면 일도 하고 돈도 받고 평화롭게 생활할 수 있다. 하지만 규정을 깨면 감옥에 들어가 자유를 빼앗긴다. 둘 중 무엇을 선택할지는 당신에게 달렸다."라며 규정이라는 형태로 구조를 나타내고, 어떻게 행동할지는 본인에게 맡긴다. 그러면 신기하게도 규정을 벗어나는 사람은 거의 없다. 사람들은 정해진 구조 안에서 공허를 메우듯이 행동한다. 1억 명이나 되는 사람이 있더라도 대부분은 주어진 구조 안에서 움직인다.

축구도 구조적 권력의 한 예라고 볼 수 있다. 축구에는 배구나 농구와 달리 손을 쓰면 안 된다는 룰이 있다. 이런 불편한 룰을 다들 싫어할 줄 알았더니, 많은 사람들이 축구를 즐긴다. 그것도 자발적으로 말이다. 손을 쓰면 안 된다는 제한이 오히려 '컨트롤이 더 어려운 다리를 얼마나 잘 움직이는가'라는 과제를 뚜렷하게 만들었고, 그 무한한 가능성을 깨닫게 했기 때문일 것이다.

인간은 제한이 있고 그 제한 안에 재미있어 보이는 자유가 확보되어 있다면, 그 제한이라는 공허를 충족하고 싶어 하는 생물이다. '컨트롤이 어려운 다리를 자유자재로 움직이기'라는 제한 속 무한의 자유가 모험심을 자극하는 것이다.

17음절로 이루어진 일본의 정형시 하이쿠는 5-7-5음절로, 5구 31절로 이루어진 단카는 5-7-5-7-7 음절로 음율을 맞춤으로써 그 제한 안에서 무한한 자유를 즐기려는 면이 있다. 인간은 제한을 뒀을 때 그 공허를 얼마나 자유자재로 메울지를 꾀하고 싶어 하는 충동이 생기는 모양이다. 이 공허의 디자인은 노장사상의 큰 특징이며 참신함이기도 하다.

무의식이 신체를 조종한다

나는 한때 스포츠를 정말 싫어했지만, 신기하게도 『장자』를 읽고 나서는 조금 나아졌다. 그 계기는 바로 식칼(包丁)의 어원인 한 중국 춘추 전국 시대의 전설적인 요리사 포정(庖丁)의 이야기였다.

포정은 왕 앞에서 소 한 마리의 뼈를 통째로 발라냈다. 능숙한 손놀림으로 해체하는 모습은 마치 음악에 맞춰 춤을 추는 듯해 왕은 단숨에 매료되었다. 왕이 "아주 잘 드는 칼이로구나." 하고 말하자, 포정은 이렇게 대답했다.

"요리사는 보통 썰려고 하지요. 그러면 칼날이 뼈나 힘줄에 닿아 금세 무뎌지니 늘 칼을 갈아야 합니다. 하지만 저는 썰지 않습니다. 마음의 눈으로 소를 찬찬히 관찰하다 보면 힘줄과 힘줄 사이의 틈이 보입니다. 그 틈에 칼을 쑥 넣기만 하면 칼날이 닳지도 않고, 힘들이지 않아도 살이 떨어져 나갑니다. 몇 년째 칼을 갈지 않았지만, 오히려 점점 더 잘 들고 있습니다."

이 이야기는 티머시 갤웨이Timothy Gallway(1938년~)의 자기계발 도서 『이너게임』과도 일맥상통하는 사고방식을 보여 준다. 갤웨이 씨가 테니스를 지도하다가 백핸드를 잘 쳐 낸 학생을 칭찬하자, 그 직후부터 학생은 라켓을 엉뚱하게 휘둘러 공이 제멋대로 크게 날아가는 홈런만 치기 시작했다. 폼을 교정해 주겠다고 자세를 하나하나 지적했더니 동작이 더 어색해졌고, 학생은 점점 머릿속이 새하얘진 듯 어쩔 줄을 몰라 했다.

그래서 갤웨이 씨는 방식 자체를 바꾸었다. 동작을 지도하지 않고 "공의 실밥을 봐. 슬로모션처럼." 하고 주문한 것이다. 그러자 자세나 동작을 바꾸지 않았는데도, 학생은 다시 자연스럽게 공을 쳐 내기 시작했다.

이것이 바로 의식과 무의식의 작용을 잘 활용한 지도법이다. '가슴은 이렇게 움직이고, 다리는 저렇게 가져오고' 이렇게 하나하나 의식하는 순간 움직임이 어색해진다. 신체 조종에 익숙하지 않은 의식이 신체 조종권을 쥐게 되기 때문이다.

반면 공의 실밥에 주의를 집중하게 하면 의식은 그곳으로 옮겨 가고, 조종권은 무의식에게 넘어간다. 그러면 신체는 자연스럽고 유연하게 움직인다. 무의식은 복잡하고 동시적인 움직임을 능숙하게 조정할 수 있기 때문이다. 갤웨이 씨의 지도가 효과를 발휘한 것은, 바로 의식을 공에 집중시키고 무의식이 움직임을 조종하도록 유도한 방식 덕분이었다.

포정 이야기도 마찬가지다. 다른 요리사는 보통 '뼈는 여기에 있을 것이다.' 하고 의식적으로 판단한다. 그러면 상상 속 골격에 갇혀서 실제 눈앞의 소를 관찰하지 못하고, 그 결과 칼날이 힘줄이나 뼈에 닿아 버린다. 반면 포정은 이미지나 선입견 없이 눈앞의 소를 허심탄회하게 관찰하고, 오감을 총동원해 느낀다. 그러면 무의식이 '여기 틈이 있을 것 같아.' 하고 알려 준다. 그는 칼날에 전해지는 감촉에 온 정신을 집중하며 무리 없이 해체를 해낸다.

나는 어려서부터 운동 능력이 없어서 항상 동작이 어색했다. 그걸 알기에 '이렇게 움직여야 해, 저렇게 해야지.' 하고 의식이 일일이 몸을 조종하려 들었다. 그런데 의식은 조종에 서툴기 때문에 오히려 동작이 삐걱거렸다.

하지만 포정의 이야기는 이 점을 깨닫게 해 주었다. 나는 '이렇게 움직이자'는 식의 지시를 멈추고, 눈앞의 현상을 관찰하는 데 의식을 집중하기로 했다. 시행착오와 실패도 무의식이 학습하는 과정이라 여기며 즐기기로 했다. 그렇게 하자 내 몸이 스스로 보정하며 자연스럽게 움직여지기 시작했다. 볼링 점수는 평균 100점도 채 안 되었는데 150점을 넘기게 되었고, 맞히지 못하던 야구공도 배트에 맞히게 되었다.

포정의 이야기는 무술의 비법과도 통한다. 독일의 사상가이자 철학자 오이겐 헤리겔Eugen Herrigel(1884년~1955년)이 쓴 『활쏘기의 선』에는 궁도 스승이 "활을 당길 때 힘을 주지 마라.", "쏠 때는 과녁을 노리지 마라."와 같이, 논리적으로는 이해할 수 없는 모순된 지도를 하는 장면이 나온다. 활시위는 매우 팽팽해서 당기려면 큰 힘이 필요하고, 과녁을 노리지 않으면 맞힐 수 없는 것이 당연하다. 그런데도 스승은 팔의 근육을 축 늘어뜨린 채 활을 당기고, 아무것도 보이지 않는 어둠 속에서 과녁 한가운데를 정확히 맞힌다. 이런 광경에 경악하며, 논리로 이해해 보려 애쓰는 독일인 저자의 고군분투가 흥미롭다.

일본의 궁술은 선禪과 밀접한 관계가 있으며, 선은 노장사상에 깊이 영향을 받았다고 한다. 겉으로 보기에는 모순되어 보이는 노장사상의 발상이 도입된 것도 그 때문일 것이다.

이른바 노장사상은 역설 가득한 이야기가 풍부하다. 그중에서도 인상에 강하게 남는 것은 『장자』의 번역가 후쿠나가 미쓰지福永光司 씨가 일본어로 번역한 『장자』의 '후기'에 적은 에피소드다.

어머니가 내게 이렇게 물었다.
"저 공원에 구불구불한 나무가 보이지? 저 나무를 곧게 보려면 어떻게 해야 할까?"
그 나무는 정말로 뒤틀려 있어서, 어떤 각도에서도 곧게 보이지 않았다. 베어 가공하면 곧게 만들 수 있다고 대답할 수도 없었다. 고민 끝에 나는 포기 선언을 했다. 그때 어머니는 이렇게 말했다.
"그대로 바라보면 돼."

'곧게'라는 말을 듣는 순간, 우리는 곧음에 대한 기준과 가치의 규준을 자연스럽게 떠올린다. 그렇게 되면, 모든 사물을 '곧다' 또는 '휘었다'는 식으로밖에 판단할 수 없다. 하지만 그 기준을 일단 옆에 내려놓고, 눈앞의 나무를 있는 그대로 바라보면 어떨까.
'뿌리가 단단하네. 수피가 두껍구나. 벌레가 수액을 빨아먹고 있네. 바람이 불어 잎사귀가 부딪히며 소리를 내고, 나뭇잎 사이로 스며

드는 햇살이 기분 좋구나. 향기도 좋네.'

이런 식으로 오감을 통해 막대한 정보가 들어온다. 어머니가 말한 '곧게 보라.'는 말은, 결국 '있는 그대로 바라보라.'는 뜻이었다.

이 일화는 내가 사물을 바라보는 방식을 근본적으로 바꾸는 계기가 되었다. 그전까지 나는 머릿속 지식으로 대상을 재단하고 내 안의 가치 규준에 따라 좋고 나쁨, 곧음과 휨을 판단했다. 그 때문에 눈앞의 현상에서 헤아려야 할 많은 정보가 차단되었고, 결국 가치 규준에 맞는지 맞지 않는지에 관한 정보밖에 보지 못했다.

그때부터 나는 대상에 선입견을 두지 않고 허심탄회하게 바라보기로 했다. 그러자 전에는 보이지 않던 정보들이 오감을 통해 자연스레 들어오기 시작했다.

몽테뉴의 『수상록』에 이어 내 인생을 바꿔 놓은 것이 바로 노장사상이었다. 사람마다 영향을 받는 사상은 다르겠지만, 나는 워낙 가치 규준에 사로잡히기 쉬운 성격이라 더 깊은 충격을 받았던 듯하다.

무엇을 해도 능숙하지 않아 괴로운 이들에게 나는 『노자』나 『장자』를 읽어 보기를 권하고 싶다.

Chap 7. 중국의 철학과 사상

법의 힘을 과시한 사내

한비자 (기원전 280년경~기원전 233년)

고대 중국은 하夏(기원전 2070년경~기원전 1600년경), 은殷(기원전 17세기경~기원전 1046년), 주周(기원전 1046년~기원전 771년)로 정권이 바뀌어 갔다. 주나라 후반에는 춘추 전국 시대라 불리는 혼란기가 시작되었고, 주의 신하였던 여러 나라들이 멋대로 스스로를 왕이라 칭하면서 주나라는 점차 유명무실해졌다. 그 가운데 점차 세력을 키운 것이 서쪽 끝에 자리한 진秦(기원전 8세기경~기원전 206년)이었다.

다른 나라들에서는 왕족이나 귀족의 권력이 막강하여 법이 있어도 없는 것이나 마찬가지였다. 귀족이 말 한마디만 하면, 아무리 부당하고 이치에 어긋나는 일이더라도 서민들은 순응할 수밖에 없었다. 그러니 귀족들이 언제 변덕을 부려 재산을 빼앗을지 알 수 없는 상황이 계속되었다.

이런 현실에 위기의식을 느꼈는지, 법을 중시하는 인물들이 등장하기 시작했다. 관중(?~기원전 645년)은 제나라에서 명확한 법을 세워 상업이 번창하도록 힘썼다. 기분에 따라 재산을 빼앗고 갑작스레 세금을 걷는 부조리가 사라진 제나라에서는 상인들이 안심하고 장사할 수 있게 되었고, 경제는 빠르게 발전했다.

정鄭나라의 자산子産(?~기원전 522년)은 법률을 청동제 솥에 새겨 넣어, 중국 최초의 성문법을 만들었다. 고대 중국에서는 귀족과 왕족은 '예의'로 다스리고 서민은 형벌로 통제하는 것이 관례였지만, 자산은 귀족에게도 형벌을 내릴 수 있도록 법을 바꾸었다. 이 사실에 공자가 충격을 받았다는 일화도 전해진다.

법치주의를 가장 철저히 실현한 나라는 바로 진나라였다. 상앙商鞅(기원전 390년~기원전 338년)은 진나라에 법률 제도를 도입하려 했는데, 저항을 피하기 위해 지혜를 발휘했다. 그는 '이 나무를 지정한 장소로 옮기면 큰돈을 주겠다.'라는 글귀가 적힌 팻말을 세웠다.

사람들은 반신반의하며 지켜보았고, 어떤 사내가 시험 삼아 나무를 옮기자 실제로 큰돈을 받았다. 이 일화는 '한 번 정한 법은 누구든 지킨다.'라는 진나라의 법치 정신을 상징하며, 이후 진나라의 제도는 법률에 따라 움직이게 되었다.

상앙은 귀족에게도 예외 없는 법을 적용했기 때문에 원한을 사서 결국 죽임을 당했지만, "군주 외의 모든 사람은 귀족이라도 법의 규정에 따라야 한다."는 원칙은 진나라에 확실히 뿌리내리게 되었다.

그 정신을 완성시켰다고 평가받는 인물이 한비韓非다. 그가 쓴 『한비자』는 인간의 본성을 철저히 분석한 뒤 법률을 설계한 것으로, 그 통찰력은 실로 무시무시하다.

『한비자』에는 다음과 같은 일화가 실려 있다. 담이 무너지자 아들과 이웃이 도둑이 들 수 있다고 충고했지만, 아버지는 이를 무시했다. 결과적으로 도둑이 들었고, 아들은 선견지명이 있다며 칭찬을 받았고, 이웃은 혹시 도둑과 한패가 아닌지 의심을 받았다. 같은 말을 해도 누가 했느냐에 따라 칭찬과 의심이라는 정반대 반응을 끌어낸다는 점에서, 한비는 인간 심리를 냉정하게 꿰뚫어 보았다.

또한, 다음과 같은 설화도 소개된다. 하루는 토끼가 전속력으로 달아나다 나무 그루터기에 부딪혀 죽었고, 이를 본 농부는 그 옆에서 같은 일이 반복되기를 기다리며 논밭을 돌보지 않게 되었다. 결국 논은 황폐해졌다.

이 이야기는 '수주守株'라는 말의 어원이 되었고, 우연한 성공 체험에 매달려 새로운 방법을 모색하지 않는 어리석음을 풍자한다.

그밖에 '기자의 근심'이라는 이야기도 있다. 은나라의 주왕紂王(?~

기원전 1100년경)이 어느 날 상아 젓가락으로 식사를 하자, 신하 기자는 나라의 멸망을 예언했다고 한다.

"상아 젓가락을 쓰면 식기를 바꾸고 싶어지고, 반찬, 방, 궁전, 정원으로까지 욕망은 끝없이 뻗어 나가 결국 막대한 세금을 걷게 되고, 머지않아 나라는 멸망하게 됩니다."

신하가 예언한 대로 주왕은 나라를 멸망시키게 되었다.

한비는 다른 이들이 놓치는 사소한 징후에서 인간의 본성과 위험을 감지하고, 법률은 그러한 인간의 본성을 고려해 정해야 한다고 강조했다. 그의 말에 감명을 받은 진왕은 법률을 철저히 정비했고, 진나라에서는 서민이라도 공을 세우면 출세할 수 있는 길이 열렸다. 여기에 자극받은 병사들은 압도적인 전투력을 보여 주었고, 마침내 진왕은 중국을 통일하고 '시황제'라는 칭호를 사용하게 되었다.

이처럼 법률의 힘을 실감하게 한 진나라였지만, 아이러니하게도 그 법률 때문에 멸망했다. 중국 통일 이후 진나라는 법률을 점점 더 세세하게 규정했고, 별것 아닌 일에도 법을 어긴 죄로 노예가 되거나 중노동에 징발되었으며, 경우에 따라서는 처형당하기도 했다.

결국 지나치게 촘촘한 법률에 대한 불만이 쌓였고, 반란의 불씨가 피어올랐다. 진승이라는 인물이 인부를 목적지까지 데려가는 임무를 맡았는데, 큰비로 인해 기한 내 도착이 불가능해졌다. 하루만 늦어도 사형이었기에, 진승은 차라리 반란을 일으키기로 결심했다.

그는 "왕이나 귀족, 장군이나 대신이 서민과 무슨 차이가 있단 말인가!"라는 유명한 말을 남겼다.

진승과 오광이 일으킨 반란은 빠르게 전국으로 퍼졌고, 마침내 진나라는 멸망했다. 너무 세세하고 가혹한 법률에 불만을 품은 이들이 그만큼 많았던 것이다.

반란군 가운데 하나였던 유방은 진의 수도를 점령한 뒤, 법률을 단 세 가지로 단순화했다. '사람을 죽이면 사형, 상처를 입히거나 도둑질을 하면 그 정도에 따라 벌을 준다.'라는 이른바 '법삼장'이었다. 이에 서민들은 크게 감격했고, 이것은 유방이 훗날 중국을 통일하는 원동력이 되었다. 한나라를 연 유방은 법률을 최소한으로 줄이는 대신, 법률 안에서 누릴 수 있는 자유를 최대한으로 넓혔다. 이는 노장사상에서 말하는 '제한된 틀 안의 무한한 자유'를 실현한 셈이었고, 한나라는 전한과 후한을 합쳐 약 400년 동안 번영을 누렸다.

<u>한비는 인간을 철저히 분석하고, 법률의 힘을 정밀하게 보여 준 인물이었다.</u> 그러나 너무 세세하게 만들면 인간은 법률 안에서 질식하

게 된다. 진나라는 법률이 지나치게 엄격해서 멸망했고, 한나라는 법률이 관대했기에 번영했다. 그런 의미에서 보면 『한비자』는 법률의 위력을 강조했지만, '법 안에서 자유를 어떻게 확보할 것인가'라는 관점은 다소 부족했다고 볼 수도 있다.

한나라는 『한비자』와 『장자』의 사상을 적절히 조합해 교묘하게 균형을 맞추었던 것이다. 법률과 자유의 관계는 오늘날 우리에게도 여전히 중요한 화두다. 존 스튜어트 밀John Stuart Mill(1806년~1873년)의 『자유론』에서는 자유를 '정부의 간섭이 없는 상태'로 정의했다. 영어 단어 'free'는 자유를 의미하지만, '요금이 들지 않는다'처럼 '없다'를 뜻하는 말이기도 하다. 따라서 정부의 개입이 '없는 것'이 자유의 정의가 되었다. 정부가 개입하지 않는 상태, 즉 '공허' 자체도 밀은 하나의 디자인 대상으로 보고 있다고 할 수 있다.

그렇다면 『한비자』와 『노자』의 '공허의 디자인'이 합쳐지면, 밀의 『자유론』이 되는 것일지도 모른다.

Chap 7. 중국의 철학과 사상

역사로 인간을 그리다

사마천 (기원전 145년경~기원전 87년경)

사마천司馬遷의 『사기』는 전 세계 역사서 가운데서도 '인간'을 가장 깊이 있게 그려냈다는 점에서 강력한 생명력을 지닌 작품이다. 한 사람, 한 사람의 삶에 초점을 맞춰 그 인생을 드라마처럼 기록했다는 점에서, 고대 로마의 플루타르코스(50년경~120년경)가 쓴 『영웅전』과도 닮아 있다. 그러나 『사기』는 사마천 자신이 겪은 고통스러운 체험이 바탕에 깔려 있어, 더욱 강렬하고 절실하게 다가온다.

사마천은 북방의 이민족인 흉노를 토벌하러 갔다가 포로가 된 장군을 변호했다는 이유로, 당시 황제인 무제의 노여움을 사게 되었다. 그 결과, 그는 남성의 상징을 잃는 굴욕적인 형벌(궁형)을 받았다. 너무 치욕스러워 차라리 죽을까도 생각했지만, 아버지 대부터 이어받아 쓰고 있던 『사기』를 완성하지 않고는 죽을 수 없다는 생각에 마음을 고

쳐먹고 살아가기로 결심했다.

당시 한나라의 신하라면 초대 황제 유방에 대해 험담하는 것은 엄두도 못 낼 일이었다. 하지만 사마천은 유방의 외면과 내면을 모두 가감 없이 기록했다. 그가 호색한이었고, 성격이 거칠었다는 점도 숨기지 않았으며, 항우군에 쫓기다 자신의 자식을 마차에서 떨어뜨리고 도망치려 했던 이야기까지 실었다. 어떻게 이런 민감한 이야기까지 남길 수 있었을지, 놀라움을 금할 수 없다.

그렇다고 자신에게 형을 내린 무제를 『사기』에서 악의적으로 묘사한 것도 아니다. 그는 무제의 뛰어난 면모도 냉정하게 평가했다. 증오하는 상대라 해도 칭찬할 부분은 칭찬하고, 존경하는 인물이라 해도 무조건 찬양하지 않는 자세를 끝까지 견지한 것이다. '역사를 있는 그대로, 빠짐없이 기록하겠다'는 사마천의 각오는 실로 대단하다.

도대체 어떻게 그런 각오를 할 수 있었던 걸까. 당시 역사를 기록하던 사관들은 하늘의 말을 기록한다는 자긍심을 갖고 있었다. 문자를 쓸 수 있는 사람 자체가 적은 데다가 종이가 발명되지 않았던 시대다. 대쪽(죽간)에 써야 했기 때문에 수고가 많이 드는 방법으로 기록했다. 그런 일을 할 수 있는 사람이 한정되어 있었으니 사관이라는 직업은 단순한 관리가 아닌, 일종의 신성한 사명으로 여겨졌던 것이다.

사마천의 이야기는 아니지만, 사관이 어떤 각오로 일했는지 보여 주는 에피소드가 있다. 제나라의 실력자였던 최저가 주군인 장공을 죽였다. 그리고 그 사실을 사관이 기록했다. '최저시군崔杼弑君(최저가 주군을 죽였다)'이라고 말이다. 그 사실을 안 최저는 사관을 죽였다. 그러자 그 남동생이 '최저가 주군을 죽였다.'라고 기록했다. 최저는 길길이 날뛰며 이 남동생도 죽였다. 그러자 또 그다음 남동생도 '최저가 주군을 죽였다.'라고 기록했다.

사관의 각오를 뼈저리게 느낀 최저는 더 이상 죽이지 않았다. 사관 형제가 최저에게 죽임을 당했다는 이야기를 들은 지방의 사관이 '최저가 주군을 죽였다.'라고 기록한 죽간을 갖고 찾아왔는데, 이미 기록되었다는 이야기를 듣고 돌아갔다고 한다. 사관 형제도 지방의 사관도 역사 기록에 놀라울 정도로 신념을 갖고 있었다는 사실을 엿볼 수 있다.

사마천도 『사기』를 집필하는 일이 지닌 중대한 책임과 역사적 의미를 각오했을 것이다. 『사기』에는 실로 매력적인 인물이 다수 등장한다. 춘추 전국 시대는 특히 다양한 사건이 일어나서 매력이 넘친다. 그런 『사기』에서는 다양한 교훈을 얻을 수 있다. 그 후 태어나고 자란 사람들에게 얼마나 큰 영향을 줬는지는 실로 가늠할 수 없을 정도다. 다양한 롤 모델을 제시한 사마천의 공적은 매우 크다고 할 수 있겠다.

Chap 7. 중국의 철학과 사상

이론보다 실천
양명학

중국에서 유교가 지배적인 사상으로 자리 잡았다는 이야기는 앞서 설명한 바 있다. 그러나 유교에는 아무래도 이론만 앞세우는 경향이 있었다. 송나라 때 주희朱熹(1130년~1200년)는 유교를 다시 부흥시키며 학문 체계를 정립했는데, 체계적인 만큼 오히려 이론만 강조되고 실천이 부족하다는 비판이 따랐다.

원래 유교는 실천력이 부족하다는 약점을 가지고 있었다. 초대 황제 유방조차도 유교를 두고 "잘난 척은 하는데 행동이 따르지 않는다."라며 못마땅해했을 정도다.

그 밑에서 일하던 유자 숙손통은 제자를 100명이나 데리고 있었지만, 유방에게는 단 한 명도 추천하지 않았다. 대신 강도 출신 부하들을 천거했다. 유자들은 전투에 쓸모가 없다는 것을 누구보다도 잘 알고 있었기 때문이다.

숙손통은 유자는 평화로운 시대에 이치가 통하는 상황이 되었을 때나 힘을 발휘한다고 생각한 모양이다.

이처럼 현실 대응력이 부족한 유교를 새롭게 바라본 인물이 명나라의 왕수인王守仁(1472년~1529년)이다. 왕수인은 답을 책에서 찾기보다는, 현실을 관찰하고 거기에서 답을 찾아내는 현실주의의 입장을 취했다.

그 당시 유자들은 지식은 풍부했지만 행동이 뒤따르지 않았다. 그래서 왕수인은 이를 비판하며 '지행합일知行合一', 즉 지식과 실천이 일치해야 함을 강조했다. 주희가 옛 책을 신성시했다면, 왕수인은 삶의 현장에서 직접 배우는 것을 중시했다.

그가 현실주의적 사유를 전개할 수 있었던 것은, 단순히 책상 위의 이론가가 아니라 뛰어난 무장이기도 했기 때문이다. 왕수인은 실제로 세 차례의 큰 전공, 삼정을 세우며 명나라에 기여했다.

왕수인의 양명학은 행동을 중시하는 이들에게 큰 영향을 미쳤다. 일본에서는 기근에 시달리는 민중을 돕기 위해 봉기한 오시오 헤이하치로大塩平八郎(1793년~1837년)가 대표적인 양명학자다.

또한 막부 말기 '지사志士(굳은 의지와 높은 뜻을 가진 인물)'로 활약한 사토 잇사이佐藤一齋(1727년~1859년) 역시 양명학을 공부했다. 사토 잇사이는 메이지 유신의 주역 사이고 다카모리西郷隆盛(1828년~1877년)에게 큰 영향을 주었고, 사이고는 사토의 『언지사록言志四錄』을 애독한 것으로 알려져 있다.

점점 혼란의 소용돌이 속으로 빠져들던 막부 말기의 일본에서 지사들이 활약하고 메이지 유신을 성공시킨 배경에는 이처럼 현실에 뿌리를 둔 양명학이 큰 몫을 했다고 할 수 있다.

마지막으로

현대의 상식을 혁신하기 위해

철학자들이 부순,
우리가 다시 설계할 세계
새로운 상식을 만들어 갈 당신에게

　지금까지 우리는 다양한 철학자와 사상가가 각 시대의 상식을 깨고, 새로운 상식을 만들어 온 과정을 살펴보았다. 물론 이 책에서 소개한 인물들은 그와 같은 일을 해낸 수많은 사람 가운데 지극히 일부일 뿐이다.

　이 책의 목적은 우리 스스로 '기존의 상식을 파괴'하고, '새로운 상식을 창조'하는 데 있다. 그 방법과 통찰을 선조들로부터 배우고자 하는 것이다. 우리는 지금 어떤 상식에 사로잡혀 있는가? 그 상식의 문제점을 어떻게 인식할 수 있을까? 새로운 상식은 어떻게 창조해야 할까? 각 인물의 마음이 되어, '나라면 어떻게 했을까?', '내가 그 시대에 있었다면 어떤 방식으로 새로운 상식을 만들어 냈을까?' 하고 스스로에게 질문해 보았으면 한다.

　지금 이 시대를 살아가는 우리가 극복해야 할 상식으로는 당장 떠오르는 것만 해도 세 가지가 있다. 에너지, 돈, 그리고 노동이다.

먼저 에너지 문제는 데카르트 편에서 간략하게 언급했지만 상식이 근본부터 뒤집히려 하고 있다. 제2차 세계대전 전후로 석유는 인간에게 가장 중요한 에너지원이 되었다. 화석 에너지는 우리의 삶을 완전히 바꾸어 놓았다. 자유롭게 여행을 다닐 수 있는 것도 석유로 움직이는 비행기, 배, 자동차 덕분이다.

우리가 풍족한 식사를 할 수 있는 것도 석유 등 화석 연료 에너지로 화학 비료를 제조하고, 그것으로 대량의 식량을 생산할 수 있게 되었기 때문이다. 식량을 안정적으로 생산할 수 있게 된 것은 화학 농약을 석유에서 합성하게 된 덕분이다. 우리는 석유의 은혜를 입고 살아왔다. 그게 상식이고 당연하다는 것으로 믿으며 말이다.

그러나 이제 그 상식이 더 이상 성립하지 않게 되었다. 지구 온난화라는 환경적 문제도 있지만, 그보다 더 직접적인 문제는 석유를 채굴하기가 어려워졌기 때문이다. 앞서 말한 것처럼 중동에서 석유를 채굴하기 시작했을 무렵에는 분수처럼 뿜어져 나왔으니 석유를 채굴하려고 에너지를 1만큼 들이면, 200배에 달하는 석유를 얻을 수 있었다. 하지만 지금은 이 비율이 10배 이하로 떨어졌다.

셰일 오일 같은 경우는 땅속에 고압의 물을 주입해 억지로 석유를 짜내야 하고, 그 과정에서 엄청난 에너지가 소모된다. 이 비율이 세 배 이하로 떨어지는 날이 오면, 우리는 '에너지 적자' 상태에 놓이게 된다. 석유를 가솔린 등으로 가공하는 데 생각보다 에너지가 더 많이 필요하기 때문이다.

그리고 지금 우리는 에너지 적자 상태가 되는 '3'이라는 숫자에 점점 가까워지고 있다. 이 비율이 무너지면, 더 이상 석유는 에너지로서의 의미를 갖지 못하게 된다. 그런 시대가 머지않아 다가올 것이다.

예컨대 일본의 경우 1kcal의 식량을 생산하기 위해 평균 2.79kcal의 석유 에너지를 소비한다. 일본뿐 아니라 미국 같은 농업국도 크게 다르지 않다. 그렇다면 석유를 더 이상 에너지로 사용할 수 없게 되었을 때, 과연 80억 인류가 먹고 살 수 있을까? 캐나다의 연구자 바츨라프 스밀은 '화학 비료 없이 유지할 수 있는 최대 인구는 약 30억 명~40억 명'이라고 계산했다.

석유가 에너지원으로서의 역할을 하지 못하게 되어도 전 인류가 먹고 살려면, 우리는 지금의 상식을 근본부터 바꿔야 한다. 이제는 '새로운 상식'을 창조해야 할 때다.

이제는 '돈'에 대해서도 슬슬 새로운 상식을 만들어 내야 할 때가 다가온 것 같다. 지금의 돈은 금리가 붙는 데다가 '신용 창조' 같은 구조까지 있기 때문에 점점 증식되어 간다. 그런데 이 세상에 존재하는 온갖 것들은 시간이 지나면 열화된다. 석유는 태우면 사라지고, 플라스틱이나 금속 제품도 언젠가는 망가져 없어진다. 세상에 있는 모든 것은 결국 열화되고 사라지게 된다.

그런데 돈만은 계속 증식한다. 1만 원은 1만 원이라는 액면 그대로 말이다. 이제는 이 간극을 점점 더 무시할 수 없게 된 것 같다.

그렇다면 지금까지 우리는 이 간극을 어떻게 감추어 왔을까. 석유 같은 화석 에너지가 마치 무한대로 존재한다는 전제가 있을 때는 돈의 증식(≒경제 성장)에 맞춰 에너지를 마음껏 낭비해도 된다고 여겨졌다. 하지만 석유는 점점 고갈되기 시작했다. 앞으로도 물질적인 여유를 추구한다면, 지구는 버텨 내지 못할 것이다. 자원과 에너지 낭비를 줄이지 않으면 안 된다.

그럼에도 돈은 계속 증식하고 있다. 증식한 돈은 "이제 이걸로 더 많은 자원과 에너지를 가져와라."라고 요구한다. 이 간극이 지구 환경 문제를 더욱 골치 아프게 만들고 있다.

프레더릭 소디Frederick Soddy(1877년~1956년)는 방사성 원소 연구로 노벨 화학상을 수상한 과학자였지만, 돈이 무한히 증식하는 반면 석유 같은 에너지는 유한하다는 간극 문제를 깨닫고, 경제학을 공부하기 시작했다. 그는 지구가 유한하다는 현실을 바탕으로 경제학을 새롭게 설계하려고 시도했지만, 당시의 경제학자들은 그의 주장을 '비현실적'이라고 여겼다. 하지만 과연 정말 비현실적인 쪽은 누구였을까. 한번쯤 생각해 볼 가치가 있다.

독일 경제학자 실비오 게젤Silvio Gesell(1862년~1930년)은 돈이 무한히 증식하는 구조에 문제를 제기하며 '노화하는 돈'을 제안했다. 시간이 흐르면 열화되어 망가지거나 사라지는 물질들처럼, 돈도 시간이 지남에 따라 가치가 떨어지도록 설계하자는 것이다.

이 제안은 실제로 실행에 옮겨진 적이 있다. 오스트리아의 뵈르글이라는 마을에서는 노화하는 돈을 발행했다. 일정 기간이 지나면 돈의 가치를 유지하기 위해 별도로 돈을 지불해 도장을 받아야 하는 방식이었다. 그러자 사람들은 도장값을 지불하고 싶지 않아서, 가능한 한 빨리 돈을 쓰게 되었다. 그 덕분에 온갖 물건들이 빠르게 팔렸고, 뵈르글의 경제는 단기간에 호전되었다. 세계 대공황의 한가운데에서 시행된 이 사회 실험은 '뵈르글의 기적'이라 불렸다.

돈의 발행량을 '올해 써도 괜찮은 에너지의 양'으로 설정하고, 그 돈을 '노화하는 돈' 형태로 발행한다면, 에너지 사용의 총량을 억제하면서도 경제를 활성화할 수 있지 않을까. 이런 '새로운 상식'을 상상해 보는 것도 제법 흥미롭다.

하지만 여기에는 '디팩트 스탠더드Defact Standard(사실상 표준)'라는 문제가 있다. 컴퓨터 키보드의 배열은 타자기 시절부터 거의 바뀌지 않았다. 한번 익숙해진 키 배열을 바꾸면 적응하는 데 시간이 걸려서 사람들은 그것을 꺼리기 때문이다. 그래서 지금도 여전히 같은 키보드 배열을 쓰고 있다. 돈도 마찬가지다. '증식하는 돈'이 디팩트 스탠더드인데, 그것을 전제로 경제 시스템이 짜여 있으니 쉽게 바꾸기는 어렵다.

그러나 스마트폰의 등장은 이 디팩트 스탠더드를 흔들었다. 플릭 입력(일본어 키패드로, 누른 후 상하좌우로 튕기면 문자가 입력되는 방식. 우리나라의 천지인 키패드와 비슷하다)이라는 새로운 문자 입력 방식이 생겼고, 이제는 음성 인식 기능으로도 글자를 입력할 수 있게 되었다. 키보드 없이도 문자를 입력할 수 있는 방식이 등장하면서 마침내 디팩트 스탠더드를 바꿀 시대가 열린 것이다. 그렇다면 돈도 '증식하는 돈'이 지배하는 사회의 한구석에서 '노화하는 돈'을 시험해 볼 수 있지 않을까. 그것이 언젠가 파격적인 혁신으로 이어질 가능성도 있다.

마지막으로 우리가 넘어서야 할 상식은 바로 노동이다. 우리는 지금까지 '일하지 않으면 돈을 벌 수 없다'는 상식을 당연하게 여겨 왔다. 그러나 그 상식이 무너지려 하고 있다. 흔히들 말하듯 인공지능이 발전함에 따라 많은 직업이 사라질 것이라는 두려움이 커졌다. 심지어 지적 노동을 하는 IT 기술자조차 챗GPT 같은 인공지능의 등장으로 직업을 잃을 수 있다는 전망까지 나온다. 그렇다면 인공지능 때문에 일자리를 잃은 사람들은 어떻게 살아가야 할까? 투자를 통해 돈을 벌기 위해서는 일정한 자본이 필요하다. 저축해 둔 돈도 없는 서민들은 도대체 어떻게 살아가야 한단 말인가.

여기서 잠시 생각해 보자. 만약 인류 전체가 먹고 살기에 충분한 식량이 생산되고, 그것을 전 인류에게 빠짐없이 분배할 수 있다면 누구나 굶지 않고 살아갈 수 있다. 즉, 농부와 운송업자만 제대로 일을 해 준다면, 다른 사람들은 일을 하지 않아도 생존할 수 있다는 뜻이다.

물론 사회를 유지하려면 상수도나 가스와 같은 생활 인프라를 유지하는 일도 필요하고, 농가에 트랙터나 비료를 제공하는 제조업체도 필요하며, 운송업에 필요한 트럭을 만드는 공장도 필요하다. 병에 걸렸을 때 진료해 줄 의사도 필요하다. 이처럼 사회에 꼭 필요한 일자리에 종사하는 인력만 확보된다면, 누구도 굶지 않게 되는 셈이다.

그렇다면 이제 우리는 '일을 해야 돈을 받는다'는 상식을 다시 생각해 보아야 할 시점에 와 있는지도 모른다. 노동은 지금까지 의무로 여겨졌지만, 어쩌면 '권리'로 보는 편이 더 적절할지 모른다. 농업, 운송업, 의료업과 같은 필수 직업은 선택받은 사람들에게만 허락된 권리로 간주하고, 그들은 더 많은 보수를 받도록 한다. 반면 '일할 권리'를 갖지 못한 사람들은 생존은 가능하지만, 일하는 사람들보다 적은 금액을 분배받는 구조다. 이런 사회라면 오히려 사람들이 일을 하고 싶어지지 않을까. '나도 일하는 지식층이 되고 싶어!'라며 말이다.

에너지, 돈, 노동. 이 세 가지 상식은 너무나 견고하게 자리 잡고 있어서 지금까지는 현재의 모습에 의문을 품기조차 어려웠다. 그러나 이제는 흔들리기 시작했다. 게다가 사람들도 그 사실을 서서히 눈치채고 있다. 그렇다면 다음 시대에 어울리는 새로운 상식은 어떻게 디자인해야 할까. 그것은 부디 이 책을 읽는 여러분이 직접 생각하고, 제안해 보기를 바란다.

에필로그

나는 독서가이긴 하지만, 다독가라고 할 수는 없다. 철학이나 사상을 논하려면 좀 더 많은 철학서나 사상서를 읽어야 하겠지만, 나에게는 그럴 능력이 없다. 그런 능력도 없는 사람이 철학이나 사상의 역사, 즉 사회 사상사를 쓰려고 했다는 건, 분수를 모르는 행동이었는지도 모른다. 분수를 모른다는 게 딱 이런 경우를 두고 하는 말일 것이다.

하지만 철학이나 사상은 원래 배우는 것만으로도 정말 재미있고, 세계를 바라보는 해상도가 단번에 높아지는 쾌감이 있다. 나는 그 즐거움을 더 많은 사람이 느껴 보기를 바랐다. 그런데 철학이나 사상 이야기를 꺼내면 어쩐지 어려운 용어들이 자꾸 등장한다. 독자들도 어렵게 느끼기 때문에 전문 용어를 대단하게 여기게 되고, 그런 단어들을 괜히 자랑하듯 쓰고 싶은 욕망이 생기기도 한다.

내가 지향하는 것은 철학과 사상의 〈비주튠!〉이다. 〈비주튠!〉은 NHK 교육 채널에서 방영되었던, 짧은 애니메이션 형식의 미술 소개 프로그램이다. 정말 다양한 예술 작품들을 소개하는데, 장난을 치는 건가 싶을 정도로 자유롭고 엉뚱하다. 예를 들어 '오필리아'라는 회화가 있다. 셰익스피어의 희곡 『햄릿』에 등장하는 비극의 여인을 그린 그림인데, 원래라면 문학적 배경이나 회화의 기법에 대해 진지하게 설명할 것이다. 그런데 〈비주튠!〉에서는 오필리아가 배영 선수로 등장해 돌고래와 시합을 벌이는 이야기가 펼쳐진다.

〈히메지성〉 편에서는, 남자아이와 처음 데이트를 나가 수줍어하는 여자아이로 변신한 히메지성이 등장한다. 놀리는 건가 싶을 정도였다. 이런 식으로 방송하면 미술계의 거장들이 화를 내지 않을까 걱정도 됐지만, 오히려 미술관에 가는 아이들이 늘어나고 다양한 예술 작품에 흥미를 가지게 되었다며 대환영을 받았다고 한다.

그렇다. 흥미만 생기면, 관심만 생기면 사람은 알아서 배우기 시작한다. 즐기게 된다. 〈비주튠!〉이라는 프로그램은 나에게 그런 사실을 일깨워 주었다.

이 책은 아쉽게도 〈비주튠!〉처럼 웃음을 자아내는 코드는 담지 못했다. 나는 오사카에서 태어나 자랐지만 유머 감각이 없다. 그것이 슬프다. 그럼에도 불구하고 나만의 방식으로 철학과 사상의 재미를 소개하고 싶었다. 그래서 떠올린 것이 '상식 파괴 작법'이었다.

철학과 사상은 시대마다 기존의 상식을 깨뜨리고, 새로운 상식을 만들어 온 역사다. 그런 시점에서 바라보면 철학과 사상은 정말로 흥미진진해진다. 나 역시 그런 관점에 빠져 다양한 책들을 읽어 왔다. 그런 시점을 더 많은 이들과 공유하게 된다면, 즐기는 사람들도 늘어나지 않을까. 과연 그 계획이 성공했는지는 독자 여러분의 마음에 달려 있다.

'먼저 재미있고 흥미롭게'라는 관점을 일깨워 준 사람은 나의 아내다. SNS 'X'에서는 유미(YouMe) 씨라고 불리니, 여기서도 그렇게 부르고 싶다. 〈비주튠!〉이라는 말도 안 되는 프로그램의 존재를 처음 알려 준 사람도 유미 씨였다. 유미 씨를 만나지 못했다면 이런 책을 쓰겠다는 생각조차 하지 못했을 것이다. 게다가 개그 센스도 유미 씨가 훨씬 뛰어나서 나는 그 점이 정말 부럽다. 이 책도 유미 씨가 썼다면 훨씬 더 재미있어졌을 것 같다.

이 책의 내용을 한마디로 말하자면, '사회 사상사'라고 할 수 있을 것 같다. 나 자신도 철학과 사상 공부법을 『사회 사상사 개론史』이라는 책에서 배웠다. 그래서 사실 그 책을 읽는다면 굳이 이 책을 읽을 필요는 없을지도 모른다. 하지만 제목에서 느껴지듯, 그 책은 딱딱하고 말이 어렵다. 이제 막 배우기 시작한 사람에게는 다소 버거운 내용이다. 그래서 나는 이 책을 철학이나 사상에 대해 한 번도 접해 본 적 없는 사람들도 쉽게 읽을 수 있도록 기획했다.

나에게는 두 아이가 있다. 아이들에게 앞으로도 즐겁게 살아갈 수 있는 세계를 남겨 주고 싶다. 그러기 위해서는 우리 어른 세대가 지금까지 쌓아 온 상식을 한 번 깨뜨리고, 새로운 상식을 세울 필요가 있다. 그러면 아이들 세대는 다시 그 상식을 깨고, 또 다른 상식을 만들어 낼 것이다. 그런 '업데이트'가 이어지는 사회를 디자인할 필요가 있다.

나는 사회란 본래 업데이트되어야 하며, 철학자나 사상가란 바로 그것을 목표로 삼아 온 사람들이라는 점을 알리고 싶어 이 책을 썼다. 그리고 사회를 업데이트하는 일은 무척이나 즐거운 작업이다.

지금은 SNS을 비롯해, 철학자나 사상가가 아니더라도 의견을 말할 수 있는 채널이 아주 많다. "임금님이 벌거벗었다!"라고 외친 아이의 한마디가 벌거벗은 임금님뿐만 아니라 모두의 간을 떨어지게 만들었다는 이야기처럼 우리의 사소한 한마디가 어떤 이에게는 깨달음이 되고, 그것이 세계를 변혁하는 계기가 될지도 모른다.

그러니 '세계의 업데이트'라는 개념을 일반 독자 여러분도 마음 한구석에 오래 간직해 주었으면 한다. 그리고 문득 무언가를 깨달았을 때, 그 생각을 입 밖으로 꺼내어 중얼거려 보자. 그 말 한마디가 잔물결처럼 퍼져 나가, 결국 세계를 바꾸는 전환점이 될지도 모른다.

그런 기적이 다음 세대 아이들이 즐겁게 살아갈 수 있는 사회로 연결될 수 있기를. 그런 바람을 담으며 펜을 내려놓으려 한다.

마지막으로 이 책은 내가 "기왕 책을 쓰게 된다면, 다음에는 철학 책을 쓰고 싶다."라고 말한 것을 편집자 마쓰마사 하루히토 씨가 받아들여 준 덕분에 세상에 나올 수 있었다. 세 번째, 네 번째 책을 쓸 때도 "철학 책을 쓰고 싶다."고 말했지만 편집자에게 거절당했는데, 그런 점에서 이번 책이 세상에 나온 것은 일종의 기적이라고 할 수 있다. 귀중한 기회를 만들어 준 데 대해 이 자리를 빌려 진심으로 감사드린다.

또한, 이 책의 대부분은 장인어른 댁에 틀어박혀 집필했다. 아이들을 돌봐 주신 장인어른의 도움이 없었다면 이 작업은 어려웠을 것이다. 책의 끝자락에서 이 또한 깊이 감사드리고 싶다.

소크라테스는 왜 질문만 했을까

펴낸날 2025년 8월 10일 1판 1쇄

지은이 시노하라 마코토
옮긴이 김소영
펴낸이 金永先
편집 나지원
디자인 천현정

펴낸곳 더페이지
주소 경기도 고양시 덕양구 청초로 10 GL 메트로시티한강 A1-2002호
전화 (02) 323-7234
팩스 (02) 323-0253
출판등록번호 제2-2767호

ISBN 979-11-94156-24-6 (03100)

더페이지와 함께 새로운 문화를 선도할 참신한 원고를 기다립니다.
이메일 dhhard@naver.com (원고 투고)

· 이 책은 저작권자와의 계약에 따라 발행한 것이므로 본사의 허락 없이는 어떠한 형태나 수단으로도 이 책의 내용을 사용하지 못합니다.
· 파본은 구입하신 서점에서 교환해 드립니다.